# 汽车安全与舒适系统控制技术

主　编　王大鹏
副主编　刘　昊　冯子亮　郝玉婷
参　编　孙秀倩　王利伟　李　敏　冯丙寅
　　　　贾军涛　王　鹏　刘清涛
主　审　王秀贞

机械工业出版社

本书严格按照教育部公布的职业院校汽车专业课程目录及教学标准要求，同时参考汽车检测与维修专业职业技能等级标准编写。本书主要介绍了汽车专业基本作业技能中有关汽车安全与舒适领域的教学及实训内容，包括汽车空调系统检测、音响系统检测、驻车辅助系统检测、导航系统检测、巡航控制系统检测、座椅系统检测、防盗系统检测、辅助约束系统检测、驾驶辅助系统检测 9 个部分。

为便于教学，本书配套有微课、试题、电子课件、教案等教学资源，微课可扫书中二维码观看。

本书可作为高等职业教育本科汽车服务工程技术等专业的教材，也可作为汽车相关从业人员的岗位培训教材。

### 图书在版编目（CIP）数据

汽车安全与舒适系统控制技术 / 王大鹏主编 .
北京：机械工业出版社，2024. 9. -- ISBN 978-7-111-76965-1

I . U472.41

中国国家版本馆 CIP 数据核字第 2024RZ8667 号

机械工业出版社（北京市百万庄大街 22 号　邮政编码 100037）
策划编辑：葛晓慧　　　　　　　责任编辑：葛晓慧
责任校对：张爱妮　陈　越　　　封面设计：马若濛
责任印制：常天培
北京机工印刷厂有限公司印刷
2025 年 1 月第 1 版第 1 次印刷
184mm×260mm · 11.25 印张 · 305 千字
标准书号：ISBN 978-7-111-76965-1
定价：48.00 元

电话服务　　　　　　　　　　网络服务
客服电话：010-88361066　　　机　工　官　网：www.cmpbook.com
　　　　　010-88379833　　　机　工　官　博：weibo.com/cmp1952
　　　　　010-68326294　　　金　书　网：www.golden-book.com
**封底无防伪标均为盗版**　　　机工教育服务网：www.cmpedu.com

# 前言 PREFACE

汽车安全与舒适系统是汽车电气的一部分，是集网络传输、控制于一体的电气系统，已成为现代汽车的标准配置。"汽车安全与舒适系统控制技术"是汽车服务工程技术专业一门重要的专业课程，为了帮助教师全面、系统地讲授这门课程，使学生能够熟练地掌握现代汽车安全与舒适系统装备的控制方法，编者对本书的体系结构做了精心的设计，根据学生的认知规律，由简单到复杂地安排任务，对每一个任务，按照"学习目标—任务描述—获取信息—任务实施"这一思路进行编排。本书各项目内容相对独立，且涉及的知识比较先进，针对性强，基本上涵盖了路虎、通用、奔驰各个系列车型，供学生掌握新知识、新技术。

本书包括9个项目26个任务，内容涉及汽车空调系统、音响系统、驻车辅助系统、导航系统、巡航控制系统、座椅系统、防盗系统、辅助约束系统、驾驶辅助系统。

本书由河北科技工程职业技术大学王大鹏任主编，刘昊、冯子亮、郝玉婷任副主编，王秀贞主审。具体编写分工如下：王大鹏编写项目1，刘昊编写项目6，冯子亮编写项目2，郝玉婷编写项目7，孙秀倩编写项目3，王利伟编写项目4，李敏编写项目5的任务5.1和任务5.3，冯丙寅编写项目8的任务8.1，贾军涛编写项目9，王鹏编写项目8的任务8.2，邢台傲龙汽车销售服务有限公司刘清涛编写项目5的任务5.2。

本书在编写过程中，参阅了国内外出版的有关教材和资料，得到了王秀贞教授的有益指导，在此一并表示衷心的感谢。

由于编者水平有限，书中不妥之处在所难免，恳请广大读者批评指正。

编　者

# 二维码索引

| 名称 | 图形 | 页码 | 名称 | 图形 | 页码 |
|---|---|---|---|---|---|
| 1.1 汽车空调系统作用 | | 3 | 1.2 制冷系统压力检测 | | 21 |
| 1.1 汽车空调系统组成 | | 3 | 1.3 空调不制冷原因分析 | | 24 |
| 1.2 热力学基础 | | 14 | 1.3 温度传感器对空调制冷的影响 | | 26 |
| 1.2 制冷剂的作用、分类 | | 17 | 1.3 鼓风机控制电路 | | 29 |
| 1.2 制冷剂回收与加注 | | 18 | 1.4 空调取暖方式对比 | | 33 |
| 1.2 冷冻机油的作用、要求 | | 19 | 1.5 汽车空调系统异味形成原因与消除办法 | | 37 |
| 1.2 制冷剂泄漏检查 | | 19 | 1.5 更换汽车空调滤芯 | | 37 |

（续）

| 名称 | 图形 | 页码 | 名称 | 图形 | 页码 |
|---|---|---|---|---|---|
| 1.5 清洗空调系统风道及空调蒸发箱 | | 37 | 2.1 音响系统不工作检测 | | 49 |
| 1.5 汽车空调通风方式 | | 38 | 2.2 音响系统的匹配选择 | | 53 |
| 1.5 汽车空调系统的净化方式 | | 38 | 3.1 超声波雷达 | | 57 |
| 1.6 新能源汽车与传统汽车空调的异同点 | | 41 | 3.1 驻车辅助系统 | | 58 |
| 1.6 电动空调压缩机结构和工作原理 | | 41 | 3.2 驻车影像系统 | | 64 |
| 2.1 走进音响系统 | | 46 | 3.2 后视摄像头 | | 67 |
| 2.1 音响系统的组成 | | 47 | 4.1 汽车导航系统 | | 71 |

（续）

| 名称 | 图形 | 页码 | 名称 | 图形 | 页码 |
| --- | --- | --- | --- | --- | --- |
| 4.1 导航系统工作原理 | | 75 | 6.2 电动座椅的记忆功能 | | 118 |
| 4.2 导航系统更新升级 | | 80 | 7.1 汽车中控门锁的认知 | | 130 |
| 5.1 巡航控制系统控制电路及工作原理 | | 95 | 7.1 中控电路分析 | | 131 |
| 5.2 自适应巡航系统的组成和控制过程 | | 101 | 7.2 汽车遥控门锁系统的作用、组成及电路 | | 135 |
| 6.1 自动座椅的组成 | | 113 | 8.1 安全气囊认知 | | 141 |
| 6.1 电动机的检测 | | 113 | 8.1 安全气囊系统工作原理 | | 143 |
| 6.2 位置传感器的检测 | | 118 | 8.1 安全气囊总成的拆装 | | 144 |

（续）

| 名称 | 图形 | 页码 | 名称 | 图形 | 页码 |
| --- | --- | --- | --- | --- | --- |
| 8.1　安全气囊报警指示灯常亮的故障检修 | | 145 | 9.1　车道保持辅助系统的基本组成和控制原理 | | 155 |
| 8.2　安全带认知 | | 148 | 9.2　自动泊车辅助系统的意义和原理 | | 161 |
| 8.2　安全带工作原理 | | 149 | 9.3　轮胎压力监测系统的功用和组成 | | 166 |
| 8.2　安全带报警指示灯不亮故障的检修 | | 151 | 9.3　轮胎压力监测系统控制原理 | | 167 |

# 目 录 CONTENTS

前言
二维码索引

**项目 1 汽车空调系统** ·········································································· 1
    任务 1.1 空调出风口不出风检测 ······················································ 2
    任务 1.2 空调制冷不良检测 ····························································· 13
    任务 1.3 空调不制冷检测 ································································ 23
    任务 1.4 空调无暖风检测 ································································ 32
    任务 1.5 空调有异味检测 ································································ 36
    任务 1.6 新能源汽车空调不制冷检测 ·············································· 40

**项目 2 汽车音响系统** ·········································································· 45
    任务 2.1 音响系统异常检测 ····························································· 45
    任务 2.2 音响系统的匹配检测 ························································ 52

**项目 3 汽车驻车辅助系统** ·································································· 55
    任务 3.1 驻车雷达不工作检测 ························································ 55
    任务 3.2 驻车影像不能使用检测 ···················································· 63

**项目 4 汽车导航系统** ·········································································· 70
    任务 4.1 导航仪搜索功能检测 ························································ 70
    任务 4.2 导航系统更新升级 ····························································· 80
    任务 4.3 新能源汽车导航停止运行检测 ········································· 86

**项目 5 汽车巡航控制系统** ·································································· 93
    任务 5.1 巡航控制系统失效检测 ···················································· 93
    任务 5.2 自适应巡航控制系统无法设定检测 ·································· 99
    任务 5.3 电动汽车自适应巡航控制系统检测 ································ 105

**项目 6 汽车座椅系统** ········································································ 111
    任务 6.1 电动座椅无法调节检测 ·················································· 111
    任务 6.2 电动座椅记忆功能失效检测 ·········································· 117
    任务 6.3 智能座椅系统检测 ·························································· 121

**项目 7 汽车防盗系统** ········································································ 129
    任务 7.1 中控门锁失灵检测 ·························································· 129
    任务 7.2 防盗遥控器失效检测 ······················································ 134

**项目 8 汽车辅助约束系统** ································································ 140
    任务 8.1 安全气囊警告灯常亮检测 ·············································· 140
    任务 8.2 安全带警告灯不亮检测 ·················································· 147

**项目 9 汽车驾驶辅助系统** ································································ 154
    任务 9.1 车道保持不可用检测 ······················································ 154
    任务 9.2 自动泊车不可用检测 ······················································ 159
    任务 9.3 轮胎压力警告灯点亮检测 ·············································· 165

**参考文献** ······························································································ 171

# 项目 1 汽车空调系统

## 情境描述

随着人们生活水平的提高,汽车的舒适性也获得越来越多的关注,车内空气质量很大程度上影响着汽车乘坐的舒适性,汽车空调作为提升乘员舒适性的系统,其重要性也越来越突出。汽车空调系统是指能对车内空气进行调节的系统,用于把汽车车厢内的温度、湿度、空气清洁度及空气流动调整和控制在最佳状态,为乘员提供舒适的乘坐环境,减少旅途疲劳,为驾驶人创造良好的工作条件。汽车空调系统主要有制冷系统和制热系统、通风系统和空气净化系统。

车内的温度受到环境温度和空气流速的影响,其舒适性曲线如图1-1所示。

例如:较低的环境温度,-20℃;较高的车内温度,28℃;较高的空气流速,8kg/min。
较高的环境温度,40℃;较低的车内温度,23℃;较低的空气流速,3kg/min。
适中的环境温度,10℃;较低的车内温度,21.5℃;较低的空气流速,1kg/min。

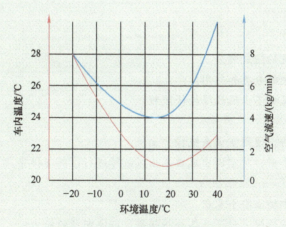

图1-1 车内的温度的舒适性曲线

## 任务 1.1　空调出风口不出风检测

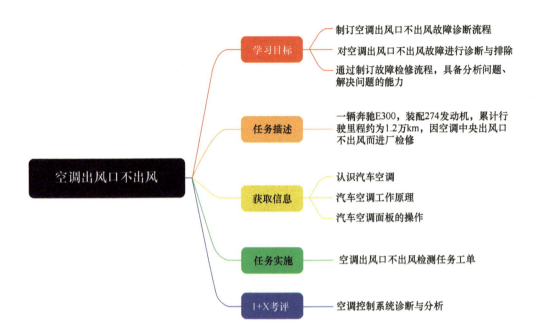

### 学习目标

**知识目标：**
1）掌握空调系统的组成部分。
2）掌握空调系统的分类和作用。
3）制订空调出风口不出风故障检修流程。

**技能目标：**
1）查阅车主手册，使用空调系统操作面板。
2）能依据维修手册，对空调出风口不出风故障进行诊断与排除。

**素养目标：**
1）在操作过程中树立安全意识。
2）通过制订故障检修流程，具备分析问题、解决问题的能力。
3）能在工作结束后按照 7S 管理规定整理、恢复作业场地，养成良好的工作习惯。
4）以案例引导学生讨论，培养学生安全意识。

### 任务描述

一辆奔驰 E300，装配 274 发动机，累计行驶里程约为 1.2 万 km，因空调中央出风口不出风而进厂检修。经技师诊断，发现风门促动电动机拉杆脱槽，修复后故障排除。请根据该故障现象制订一份汽车空调出风口不出风故障检修方案，完成空调出风口不出风故障的诊断与排除。

## 获取信息

### 一、认识汽车空调

#### 1. 汽车空调的功能

汽车空调通过调节车内空气，为车内乘客提供相对舒适的环境。随着汽车空调技术的不断发展，汽车空调的功能也逐渐完善，一般都具备了对空气温度、湿度、流速和洁净度进行调节的功能。

（1）空气温度的调节　人体最适宜的体感温度为25～27℃，当车内空气温度在20～28℃之间时，人体会感觉非常舒适；当车内空气温度低于18℃时，人体会感到寒意（时间过久容易引发感冒），温度过低会使驾驶人手脚僵硬，不利于安全驾驶；当车内空气温度超过28℃时，人体会感觉到热，温度过高会使人感觉烦躁，使驾驶人无法集中精神驾驶汽车。调节车内空气温度是汽车空调最主要的功能，而温度调节效果则是检验汽车空调性能的重要指标之一。在夏季，车内温度应保持在25℃左右；在冬季，车内温度应保持在18℃以上。

（2）空气湿度的调节　相对湿度通常与气温、气压共同作用于人体。研究表明，当夏季温度为25℃，相对湿度在40%～50%之间，冬季温度为20℃，相对湿度在60%～70%之间时，人体感觉最为舒适。如果空气湿度过小，人会感到口干舌燥；如果空气湿度过大，人体则会感到闷热、憋气。当空气湿度过小时，可通过加湿器来提升空气湿度；当空气湿度过大时，汽车空调可以通过蒸发器滤除空气中的水分。

（3）空气流速的调节　汽车空调系统的空气流动速度即空气流速，调节车内空气流速主要包括以下两个方面：一是调节车内外空气的交换速度，即调节引入外界新鲜空气的比例。外界新鲜空气进入的多少由空气阀门开度的大小控制。二是调节内部空气的流动速度，内部空气的流动速度主要解决车厢内温度不均衡问题，由出风口的位置、出风方向、鼓风机档位等决定。

（4）空气洁净度的调节　当汽车门窗长时间关闭时，车内会有人呼出的二氧化碳和排出的汗味，影响乘坐的舒适性，因此必须去除。可采用引入外界新鲜空气（经过滤）、采用活性炭吸附剂、安装负离子发生器等方法来解决。

#### 2. 汽车空调的组成

汽车空调主要由空调压缩机、冷凝器、膨胀阀、固定节流管、蒸发器、干燥器、蓄能器、管路、冷凝风扇、真空电磁阀、怠速器和控制系统等组成，如图1-2所示。汽车空调分高压侧路和低压侧。高压侧包括压缩机输出侧、高压管路、冷凝器、储液干燥器和液体管路；低压侧包括蒸发器、积累器、回气管路、压缩机输入侧等。

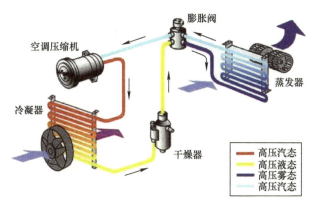

图1-2　汽车空调的组成

空调系统是一个密封的闭环系统，该系统含有一定加注量的制冷剂作为热传递介质。根据不同的市场，制冷剂可选择 R1234yf 或 R134a。为润滑电动空调（A/C）压缩机内部组件，制冷剂中添加了润滑油。

（1）空调压缩机　空调压缩机通过压缩蒸发器中的低压低温蒸气，并将产生的高压高温气体排放到冷凝器中，使制冷剂在系统中循环。空调压缩机由曲轴通过一个多凹槽传动带驱动。压缩机内整合了一个减压阀，以防止系统承受过大的制冷剂压力，如图 1-3 所示。

图 1-3　空调压缩机

空调压缩机电磁控制阀集成在空调压缩机中。电磁阀的操作由自动温控模块（ATCM）利用发送至由硬连线连接的电磁阀线圈的脉冲宽度调制（PWM）进行控制，提供 350mA（最小排量）~ 850mA（最大排量）的制冷剂流量。如图 1-4 所示，ATCM 可以控制空调系统压力和蒸发器温度，通过可调旋转斜盘产生可变活塞冲程，根据旋转斜盘的角度确定活塞冲程以及输送率。旋转斜盘的角度取决于活塞两侧上的压差，并由弹簧提供辅助。

减压阀为保护系统避免受到过大的压力，在大约 $38 \times 10^5$ Pa 压力下进行通风，安装在压缩机出口侧，如图 1-5 所示。减压阀可将过大的压力排放到发动机舱中。

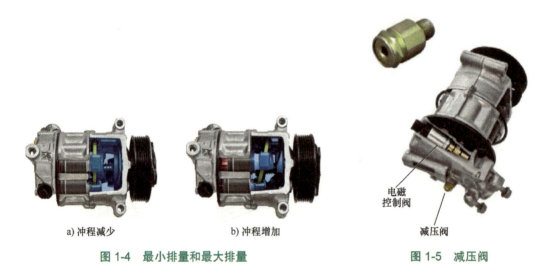

图 1-4　最小排量和最大排量　　　　图 1-5　减压阀

电磁压缩机离合器由转速 ATCM 控制，ATCM 使电流沿电路并绕励磁线圈绕组流动，产生一个强电磁场并吸引从动盘，如图 1-6 所示。从动盘和带轮在摩擦作用下耦合在一起，从而使带轮随着从动盘旋转。此时，压缩机驱动轴旋转，从而操纵压缩机，为系统提供受压的制冷剂气体。

电动空调压缩机是一个三相变速涡旋式压缩机,如图 1-7 所示,通过三相交流电动机驱动电动空调压缩机。电动空调压缩机包含一个直流(DC)至交流逆变器,为三相交流电动机供电。首先,通过压缩来自空调系统的低压低温蒸气,电动空调压缩机使制冷剂在空调系统周围循环。然后,电动空调压缩机将产生的高压高温蒸气排到空调系统中。为防止空调系统承受过大的压力,在电动空调压缩机出口侧安装了一个泄压阀(PRV)。PRV 将过大的压力排放到前舱中。通过改变电动机转速,改变电动空调压缩机的排量,这由暖通空调系统(Heating Vatilation and Air Condition,HVAC)控制模块进行控制。HVAC 控制电动空调压缩机的转速,以匹配空调系统的热负载和其他因素。电动涡旋式压缩机由两个交错涡旋盘组成,一个固定,一个由电动机驱动并在固定涡旋盘内转动。涡旋盘多次相互碰撞,在涡旋盘内形成多个不断增大和减小的容室。制冷剂通过这些不断变化的容室,到达涡旋盘的中心。最后,被压缩的制冷剂排到制冷剂管路的高压侧。

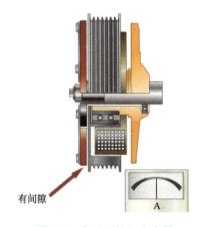

图 1-6　电磁压缩机离合器

图 1-7　电动空调压缩机

在空调系统中,使用不匹配的油会减小电动空调压缩机的内部电阻,这可能会导致触电,从而造成人员死亡或人身伤害。

(2)冷凝器　冷凝器位于散热器的前部,接收来自压缩机的高温高压制冷剂气体,并将部分热量传递到冷凝器外的环境空气中,如图 1-8 所示,从而导致制冷剂气体冷凝成液体。冷凝器通过一系列管路来循环制冷剂,管的外部通过散热片增加表面积。借助车辆的前进运动和/或散热器风扇,空气流过冷凝器,使得高温制冷剂将热量通过冷凝器散热片传递到环境空气中。随着制冷剂冷却,其从高压气体转变为高压液体。冷凝器的效率是空调工作的关键。环境空气必须吸收压缩气体所产生的热量。冷凝器传递的热量越多,它可转化的液体制冷剂就越多,蒸发器的冷却效果越好。

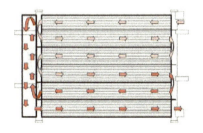 

图 1-8　冷凝器

(3)恒温膨胀阀(TXV)　TXV 是隔断型阀,连接在蒸发器的入口和出口上,如图 1-9 所示。TXV 的作用是将高温液体制冷剂转化为低温重蒸气喷雾。制冷剂通过 TXV 阀后，作用在制冷剂上的压力减小。在压力较低时，制冷剂的沸点下降，尝试沸腾。重蒸气喷雾由气体和液滴构成，从其周围吸收热量，包括管壁和蒸发器管。

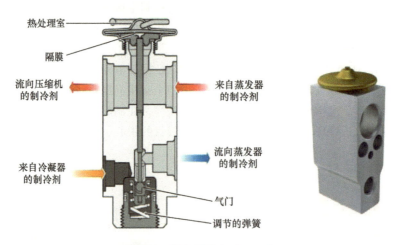

图 1-9　恒温膨胀阀（TXV）

感温包内充注的是处于气液平衡饱和状态的制冷剂，这部分制冷剂与系统内的制冷剂是不相通的。它一般是绑在蒸发器出气管上，与管子紧密接触以感受蒸发器出口的过热蒸气温度，由于它内部的制冷剂是饱和的，所以就根据温度传递下饱和状态的压力给阀体。

TXV 的操作由离开蒸发器的制冷剂气体控制。根据条件的不同，TXV 将在完全关闭和完全打开之间的某个位置发挥作用，并连续改变以达到最大制冷效果，从而改善蒸发过程，即"温度感测""压力补偿""弹簧压力"之间的平衡，如下所述：

1）温度感测和弹簧压力。制冷剂气体离开蒸发器出口时，经过感应元件。这对感测元件和计量泡中的制冷剂具有冷却作用。如果流出蒸发器和流经单元的制冷剂重蒸气过多，会导致制冷剂在单元内收缩，进而引起膜片向上拉动启动销，使球阀下方的弹簧将球推到计量孔座上。液态制冷剂通过计量孔从接收器 / 干燥器管道连接进入蒸发器入口管道连接，流量减小。

2）压力补偿。压力补偿通道位于金属隔膜下，可通过蒸发器出口压力（充当"平衡"压力）调节进入蒸发器的制冷剂量。

（4）固定节流管（FOT）　固定节流管与膨胀阀的作用相似，将空调系统隔离为高压和低压部分，如图 1-10 所示。固定节流管有一个固定孔径的开口，孔径由设计师根据系统容量选择，并用塑料体颜色标识。更换 FOT 时，务必使用相同颜色的替换件。制冷剂通过开口的流速由孔径大小和压缩机离合器的循环决定。流孔位于冷凝器和蒸发器芯之间的管路中。从外侧看，孔径安装位置可通过螺母和螺纹联轴器或法兰联轴器旁的管路膨胀识别。当空调工作时，开口标记了热区域和冷区域之间的过渡。FOT 以其最大容量运行，并且不受系统和气候变化的影响。

图 1-10　固定节流管

（5）蒸发器　蒸发器位于车辆乘客舱内。制冷剂以低温低压重蒸气形式进入蒸发器，像冷却液循环流经发动机散热器那样循环流经蒸发器管，如图 1-11 所示。电动鼓风机风扇驱动高温环境空气经过蒸发器表面。蒸发器散热片吸收空气中的热量并将其传递到制冷剂，致使制冷剂蒸气液滴汽化。为确保效率最大化，在所有情况下蒸发器管均应"浸没"在制冷剂重蒸气中。这可确保蒸发器散热片表面区域的冷却效率最大。任何多余的蒸气都会从蒸发器排入吸入管中，通常最多排放 10% 的多余蒸气。吸入管周围温暖的环境确保蒸气液滴在到达压缩机前可转化为气体。

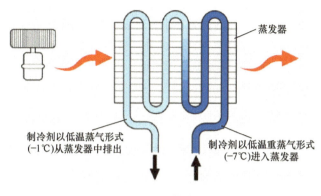

图 1-11　蒸发器

（6）干燥器　在 TXV 系统中，制冷剂在离开冷凝器后即进入干燥器。干燥器执行三项功能：

1）过滤微粒。

2）通过使用干燥剂来清除水分（通常使用 XH-7 或 XH-9）。

3）用作制冷剂储罐，并将制冷剂气体从制冷剂液体中分离。

干燥器的作用是将液体传递到膨胀阀，通过确保进入蒸发器的所有制冷剂为液态，可最大化蒸发器的性能，如图 1-12 所示。干燥器用于 TXV 系统，位于液体管路中。干燥器可以是一个独立的部件，也可以集成于冷凝器之中，具体取决于不同车型。

（7）蓄能器（图 1-13）　蓄能器用于带有 FOT 的空调系统。蓄能器在回路中位于蒸发器后、压缩机前、系统低压侧上。

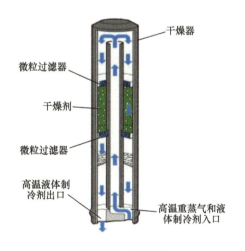

图 1-12　干燥器

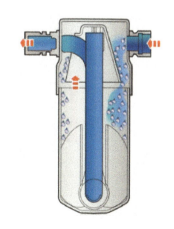

图 1-13　蓄能器

蓄能器的尺寸大于干燥器的尺寸，因此它的表面积也更大。任何大液滴制冷液进入蓄能器时都会绕蓄能器旋转，产生的离心力使它们附着在容器的内壁上，致使其从经过金属壁的环境空气中吸收热量，液滴转化为气体并离开蓄能器。蓄能器可防止液体进入空调压缩机。

（8）管路　管路将空调部件连接在一起，构成一个闭环系统。为保持系统周围具有相同的流速，制冷剂管的直径会有所不同，以适应两个压力/温度状态。直径较大的管安装在低压/低温侧，而直径较小的管安装在高压/高温侧。低压充电和高压充电连接集成到制冷剂管中，便于系统维修和维护。在正常工作条件下，直径较小的管摸起来很热，直径较大的管摸起来很凉。

内部热交换器（IHX）的管路是一个同轴管道系统，其中高温液体管制冷剂流经外侧管道，而低温吸入管气体流经内侧管道。它的优势在于在通过TXV之前先使用低温空气降低液体制冷剂的温度，因此最多可让系统效率提高12%。此外，高温液体制冷剂将一部分热量传递到吸入管中的低温气体/轻蒸气中，从而在输送到压缩机前，所有蒸气液滴均转化为低温气体。

## 二、汽车空调工作原理

### 1. 空调制冷过程

空调制冷系统的工作是制冷剂不断汽化和液化的过程。以空调压缩机和膨胀阀中心为界，可以把整个制冷循环分为高、低压两个部分。制冷剂在系统的循环过程可以分为4个工作过程，如图1-14所示：

（1）压缩　蒸发器处理后的低温低压的制冷剂气体，经过压缩机吸入并压缩成高温高压的气体，然后输入冷凝器。

（2）冷凝放热　高温高压的制冷剂气体进入冷凝器，由于压力及温度的降低，制冷剂气体冷凝成液体，并放出大量的热到外界大气中。

（3）节流　温度和压力较高的制冷剂液体通过膨胀装置后体积变大，压力和温度急剧下降，以雾状（细小液滴）排出膨胀阀。这是制冷剂高、低压的分界线。膨胀阀有节流的作用。

（4）蒸发吸热　雾状制冷剂液体进入蒸发器，因此时制冷剂沸点远低于蒸发器内温度，故制冷剂液体蒸发成气体。制冷剂在蒸发过程中大量吸收周围的热量，而后低温低压的制冷剂蒸气又进入空调压缩机。

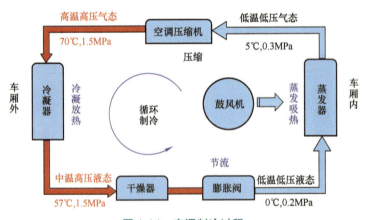

图1-14　空调制冷过程

### 2. 空调制暖过程

现代汽车主要充分利用发动机冷却后的冷却液的余热进行制暖，这种方式通常也称为水冷。当制暖效果要求更高时，一般会辅助相关的热敏电阻（PTC）加热器进行加热，最终达到良好的制暖效果。空调取暖系统主要部件为热交换器，主要用于取暖，对车室内空气或由外部进入车室内的新鲜空气进行加热，达到取暖、除湿的目的。发动机上的冷却液控制阀将分流出来的一路冷却液送入暖风机的加热器芯进行热交换，放热后的冷却液再经加热器出水管回流至发动机；同时，冷空气被鼓风机吸入加热器芯子进行加热，经由不同的风口吹入车厢内部，进行风窗除霜和制暖。通过控制冷却液控制阀的开闭和流水量大小，可调节暖风机的供热量。空调制暖过程如图 1-15 所示。

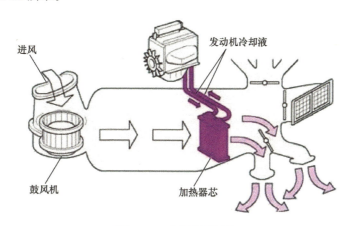

图 1-15　空调制暖过程

### 3. 空调通风过程

将新鲜的空气送入车内，并排出污浊空气的过程称为通风。空调通风系统可以有效地保证车内空气新鲜，同时通风也可以对风窗玻璃进行除雾。我国对汽车空调的空气质量有严格的标准，要求人均每小时输入的新鲜空气量不少于 20。汽车空调的通风主要有自然通风、强制通风与综合通风 3 种方式。

（1）自然通风　汽车空调中的外循环系统是指自然通风。自然通风是利用汽车行驶过程中车身内外表面产生的风压差，在适当的地方开设通风口。通常进气口设在副驾驶的前方，空气经过空气室盖板后通过车身上的通风口后进入室内。排气口也称泄压口，设置在左右侧围钣金上，室内空气从这里流出室外，最终实现在密闭状态下车内的通风换气。当然，最自然的通风方式就是开风窗或天窗。车身内外壁面上开设进出风口，利用车辆行驶时产生的风压，将外部空气引入车内循环后再排出。空气的入口设在正压区，出口设在负压区，形成空气的自然流动。进、排口设置必须保证车内空气略有正压，使车内空气压力略高于外界大气压力，以防止有害气体进入车内。

（2）强制通风　当汽车车速降低或停车时，车身内外表面气压差不足，仅仅依靠自然通风不能保证车内空气的新鲜，此次需要强制通风。强制通风的主要部件是鼓风机，鼓风机工作时，将车外新鲜空气强制送入车厢，最终实现通风换气。

（3）综合通风　综合通风是指汽车上同时采用自然通风和强制通风。目前汽车上基本都是采用综合通风的方式。

### 4. 空调净化过程

空气的清洁与净化是乘客的重要需求，因此汽车空调必须保证通风过程中送入的新鲜空气是健康的，这就要求汽车空调能够对输入的空气进行净化，这个系统过程称为空调净化。汽车在公路上行驶时，车外空气中最大的污染是各种悬浮粉尘，悬浮粉尘主要有固体物质破碎形成的固体颗粒，以及汽车尾气排出的含有 CO、$CO_2$、$SO_2$ 等有害气体，还有各种烟雾、花粉、细菌等。而且车内循环空气受到人的活动和工作过程的污染，如人体呼出的 $CO_2$、身体散发出的汗味，这些都会影响人体的健康，降低了空调的舒适性。因此，汽车空调净化的目的就是除去这些有害气体及粉尘，使车内保持清洁舒适的空气环境。汽车空调的净化包括两部分，即室外流入室内的空气净化和室内循环空气的净化。汽车行驶过程中，粉尘是最大的污染物，空调净化系统对室外空气中粉尘的净化，主要采取滤除尘和静电除尘两种形式。

（1）过滤除尘　过滤除尘是在空调系统的送风和回风口处设置空气滤清装置，主要是对尘埃等颗粒物进行过滤。

（2）静电除尘　静电除尘是在空气进口的过滤器后面再设置一套静电除尘装置。静电除尘是利用高压电极产生高压电场，对空气进行电离，使尘粒带电，然后在电场作用下产生定向运动，沉降在正负电极上而实现对空气的过滤除尘。

空调净化系统的去除异味和有毒气体的形式主要有3种，即活性炭、催化反应器和负离子发生器。

（1）活性炭　利用活性炭去除异味是汽车空调净化系统的主要方法，活性炭能够吸附空气中有毒、有气味的成分，如汗臭、烟味和人体发出的各种异味，另外还能吸收有害的氯化物和硫化物。

（2）催化反应器　对于室外流入室内的空气中的有毒气体CO、$NO_x$、HC等几乎不起吸附作用，需要另外的催化反应器将这些气体进行净化。其化学反应式为

$$CO + 2NO_x + 2HC \xrightarrow{催化剂} N_2 + H_2O + 3CO_2$$

（3）负离子发生器　空气中含有轻离子、中力子、重离子3类离子，这些离子都是带电离子，其中带负电荷的离子称为负离子，负离子对人体健康有利。负离子发生器就是利用电晕放电使空气负离子化的装置，目前高档车中这个装置基本都是标配了。

**头脑风暴**：普通空调压缩机和电动空调压缩机有什么不同？
_____
_____

### 三、汽车空调面板的操作

奔驰E300L中控采用的是机械按键，空调除雾以及暖风可以通过按键直接开启，如图1-16所示。

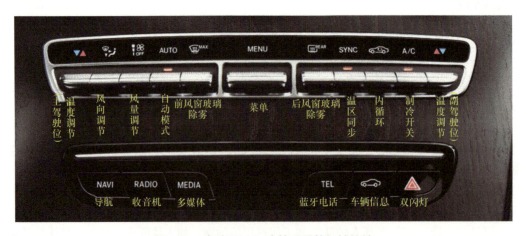

图1-16　奔驰E300L中控采用的机械按键

**1. 除雾**

除雾按键分为前风窗玻璃除雾以及后风窗玻璃除雾两个按键，当按下对应按键时除雾功能便开始工作。

### 2. 暖风

用旋钮将温度调高便能开启暖风。开启暖风时，须关闭 A/C 开关。压缩机在暖风输送时是不需要介入工作的，热风的供给主要来自防冻液的温度和玻璃加热丝发出的热量。

### 3. AUTO

AUTO 功能帮助车主全自动的调控车内温度。传感器识别车内空气的信号，智能把控制冷/制热，风量调高/调低。

### 4. 内/外循环

内循环与外循环的区别在于：内循环的空气始终由车内提供，外循环则让外界空气进来换掉原有的车内空气。一般在拥堵或者外界空气环境不好的情况下打开内循环。如果在高速行驶路段，应该定时由内循环切换至外循环，内循环时间最好不超过 1h。

### 5. 温区同步

温区同步的作用在于，只需要改变驾驶位的温度，其他的温区就会跟随着发生一样的变化。另外，此功能关闭后，每个分区就可以单独调整温度，更加人性化。

##  任务实施

| 空调出风口不出风检测 | 学习工作页 | 班级： |
|---|---|---|
| | | 姓名： |

1. 汽车空调有哪些功能？

_____
_____
_____
_____

2. 写出图中所指零部件的含义：

①_____  ②_____  ③_____  ④_____  ⑤_____

3. 根据图中所示，解释鼓风机在空调系统中是如何通风的。

_____
_____
_____

4. 图中所示为制冷剂的循环过程，在图中填出正确的序号并补充完整。

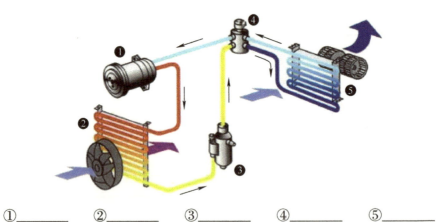

①_____  ②_____  ③_____  ④_____  ⑤_____

在图中标出制冷剂循环的高压区和低压区。

描述空调制冷过程：_____
_____
_____

5. 在表中写出空调设备各部件的作用。

| 部件 | 作用 |
|---|---|
| 鼓风机 | |
| 蒸发器 | |
| 热交换器 | |
| 冷凝水出水口 | |
| 电磁阀 | |
| 空调压缩机 | |
| HVAC 控制模块 | |
| 制冷剂压力传感器 | |
| 蒸发器温度传感器 | |
| 车内温度传感器 | |
| 阳光传感器 | |

## 任务 1.2　空调制冷不良检测

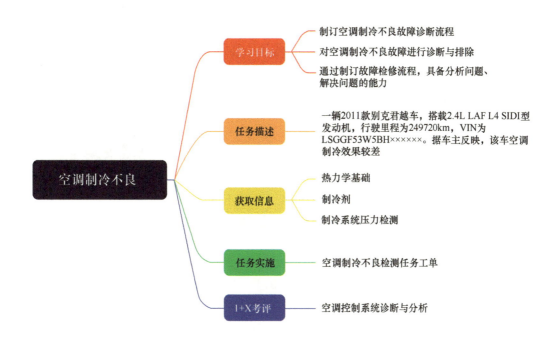

### 学习目标

**知识目标：**
1）了解热力学基础。
2）掌握制冷剂的作用、类型和纯度鉴别。
3）掌握冷冻机油作业和要求。
4）掌握膨胀阀的类型和工作原理。
5）掌握储液干燥器的结构及作用。
6）制订空调制冷不良故障的检修流程。

**技能目标：**
1）能使用仪器对制冷剂纯度进行鉴别。
2）能使用仪器对制冷剂进行回收与加注。
3）能使用工具对空调压缩机传动带进行检查。
4）能依据维修手册，对空调制冷不良进行故障诊断与排除。

**素养目标：**
1）在操作过程中树立安全意识。
2）通过制订故障检修流程，具备分析问题、解决问题的能力。
3）能在工作结束后按照 7S 管理规定整理、恢复作业场地，养成良好的工作习惯。
4）以案例引导学生讨论，培养学生的安全意识。

**任务描述**

一辆 2011 款别克君越车,搭载 2.4L LAF L4 SIDI 型发动机,行驶里程为 249720km,VIN 为 LSGGF53W5BH××××××。据车主反映,该车空调制冷效果较差。经维修技师诊断,空调压缩机电磁阀故障,修复后故障排除。请根据该故障现象制订一份汽车空调空调制冷不良故障检修方案,完成空调制冷不良故障的诊断与排除。

**获取信息**

## 一、热力学基础

1.2 热力学基础

### 1. 供暖原理

空调即热量控制,热量是能量的一种形式,能量不能损毁,只能转换为另一形式。空调系统使用来自车辆发动机的热量和能量,将热量移入/移出车辆内部。系统设计师在进行系统设计时必须考虑车辆大小、乘客人数和热量的可能来源。热量只能从高温区域传递至低温区域。例如,在火炉上放置一口锅,一段时间后锅底将变热,稍后锅的把手也会从凉转热。车辆空调系统在车辆内部提供了一个强制通风的低温区域(蒸发器),为乘客舱内空气中的热量提供了一条传递至低温区域的路径。

(1)热强度 热强度通常被称为温度。物体的温度是指物体的冷热程度。温度计用于测量物体的温度,采用的单位为℃(摄氏度)或°F(华氏度)。

(2)热传递 热量处于不断运动中,从高温区域流入低温区域,直到整体温度最终相同。热量移动速率受两个因素影响:高低温区域之间的温差以及热量在其中运动的介质(物质)。温差大时,热运动的速度远高于温度基本持平时的速度。空调系统会创造一个低温区域(蒸发器)来转移多余的热量,从而降低车辆温度。一旦热量传递至此"低温区域",热量即被隔离转移至车辆外部空气中。热从高温物体转至低温物体的运动被称为"热传递"。热传递有传导、对流、辐射 3 种方式。

1)传导。传导是指通过原子和分子的直接接触,热量在一个物质内部或从一个物质传递至另一个物质的移动过程。热量直接从一个分子传递至另一分子。热量使原子运动速度加快,而原子与其他分子发生碰撞则使运动进一步加速。这一运动将持续进行,直至所有分子都更快速地运动并且整个物体温度升高。例如,在低温金属棒的一端应用热量后,该热量会通过金属棒向低温端传递,直至整个金属棒变热。

**头脑风暴**:举例说明车辆中的传导。

_____

_____

2)对流。对流是指在液体或气体中,分子组以涡流的方式从一个区域流动至另一区域,从而实现热传递的过程。暖空气密度低(轻)于冷空气,较轻的空气上升而较冷较密(较重)的空气下沉,进而再推动较轻的暖空气上升,此旋转运动被称作对流,如图 1-17 所示。水也可以通过对流进行加热。水在锅内进

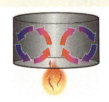

图 1-17 对流示意图

行加热时,靠近火源的水最先变热。热量使水膨胀,使其变得更轻然后上升至锅的顶部,而本来在顶部的较重较冷的水则开始下沉,推动热水上升。此过程将一直持续,直至水被均匀加热。

**头脑风暴:**举例说明车辆中的对流,如图1-18所示。

_____

_____

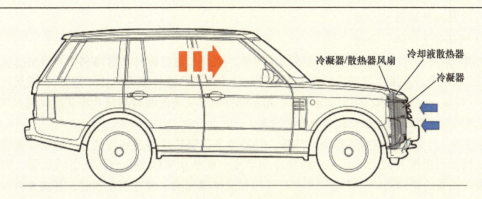

图1-18 车辆中的对流

此过程与对流相同,但它不是利用周围空气密度的变化来传递热量,而是使用风扇来强迫空气通过高温表面,利用空气流动带走表面的热量。这两种对流方式都是传递热量的主要手段。

3)辐射。辐射是指热能在真空中通过电磁波或红外线进行传递的过程。此过程仅包括辐射热量物质的分子。来自太阳的热能以波的形式穿越太空和地球大气层传输至地球。当热波碰到地球上的物体时,能量进入物体,该物体变热。例如,在阳光充足的寒冷白天,太阳的热能将通过冷空气传递,停在阳光下的车辆吸收和保留此热能。车辆外部和内部的温度都将升高,但是车辆周围空气的温度依然很低。根据车辆规格,可能会安装衰减太阳热量的风窗玻璃。出于玻璃制造工艺和涂层的原因,太阳光的穿透率最多可减少30%,具体取决于当前的天气,这一减少包含了红外线(热量)和紫外线的减少。

**头脑风暴:**举例说明车辆中的辐射,如图1-19所示。

_____

_____

图1-19 车辆中的辐射

#### 2. 物态和潜热

制冷剂的状态变化对于空调系统的运行至关重要；如果没有这些变化，系统将无法工作。潜热是必须在物质中增减以便物质从液体、气体或固体改变状态的热量。潜热能用于改变状态而非改变温度。物质的状态变化可包含以下 4 个过程中的 1 个：

1）固体变为液体：融化。
2）液体变为气体：蒸发。
3）气体变为液体：冷凝。
4）液体变为固体：凝固。

空调系统是一个由部件和管路组成的"闭环"回路，这些部件和管路利用制冷剂的状态变化来实现其功能。系统中的制冷剂在工作循环的特定时刻从液体变为气体（蒸发），或从气体变为液体（冷凝）。状态变化的连续循环为空调系统提供了从座舱吸收热量并将其排放到大气的特性。空调只专注于两种状态变化：蒸发和冷凝。

蒸发器从外部环境或乘客舱吸收热量，并通过金属散热片传递到与其相连的制冷剂管，如图 1-20 所示。温度升高会导致管中的制冷剂蒸发。这是从液体变为气体状态的过程。当来自 TXV 或限流器的制冷剂——重蒸气（含有气体和液体喷雾滴）经过蒸发器时，雾滴会吸收蒸发器散热和管壁中的热量，导致状态发生变化。

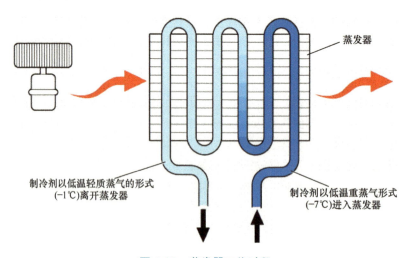

图 1-20 蒸发器工作过程

冷凝过程与蒸发过程相反，但遵循的原理相同。当大气中的分子落在其材料的表面，则被吸收回主体中。此时，它必须让出一部分能量给其余的物质。此过程使能级总体上升，物质的温度升高。发生的蒸发量或冷凝量将取决于制冷剂的类型、制冷剂的温度、制冷剂周围的温度、作用于制冷剂的压力四种变量。

对于蒸发和冷凝，当四个因素一样时，一个分子脱离所用的能量值与一个分子返回时返还的能量值相同，这符合能量守恒的物理定律。

在空调系统中，冷凝器内部会发生冷凝现象。冷凝器把热量从制冷剂中去除并排放至外部空气。制冷剂冷却时，它从蒸气冷凝为液体，如图 1-21 所示。

#### 3. 压力、温度和沸点的关系

制冷系统在"闭环"内控制压力、温度和沸腾点。

1）对于给定温度，始终存在相应压力。
2）如果压力改变，温度也将发生改变。

3）如果压力改变，液体的沸点也将发生改变。

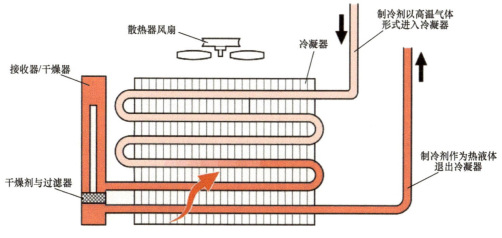

图 1-21 冷凝过程

压力每增加 $0.068 \times 10^5$ Pa 水的沸点将会升高 1.7℃（3°F）。相反地，如果压力降低，沸点也将成比例降低。海平面高度处的纯水的沸点是 100℃。随着海平面上升，大气压力随之降低。海拔每上升 1000ft（1ft=0.3048m），水的沸点降低 1.1℃（2°F）。位于珠穆朗玛峰顶部（29029ft（1ft=0.3048m））的水的沸点只有 69℃。

相同的原理也适用于制冷剂。例如，在大气压力下，R134a 制冷剂在 -26.5℃时会沸腾。如果压力增大 $1.0 \times 10^5$Pa，那么沸点约为 -10.6℃。压力的降低会使制冷剂的沸点降低。这凸显了要"排空"空调系统的一个原因。系统中产生的真空显著降低了系统压力，因此降低了水蒸气的沸点。当系统压力显著降低时，周围环境热量将不断蒸发系统内的水蒸气。

**头脑风暴**：除空调系统之外，还有其他有关车辆上通过压力来改变液体沸点的例子吗？
_____
_____

随着发动机温度升高，水的热膨胀将导致闭路式（封闭式）冷却系统加压。当 100% 水加压至约 103kPa 时，沸点约为 121℃（250°F）。对于 50/50 的冷却液混合液，沸点可升高至 130℃（265°F）左右。

## 二、制冷剂

制冷剂是系统加热/冷却循环中使用的一种化合物，它经历从气体到液体和从液体到气体的状态变化。通过增大和降低压力来控制这些状态变化。这个循环的冷却部分用于去除车内空气中的热量，通过压缩机、膨胀设备和热交换器对循环进行调节。它们构成了空调系统硬件的主要部件。

1.2 制冷剂的作用、分类

制冷剂必须具有以下品质：
1）在环境温度或接近环境温度时具有一个状态转变点。
2）有一个状态进行快速变化的过程。
3）不挥发，无毒性和爆炸性。
4）物质的稳定性高，经久耐用且无须更换。

5）化学特性不得对系统部件产生不利反应。

R134a 是目前汽车上使用较普遍的环保制冷剂。在常温常压下，R134a 制冷剂的特点为：无色、无毒、无腐蚀性（与水接触后除外）；气态，但密度大于空气；不易燃烧、不易爆炸。根据法规要求，制冷剂容器需要有相关的标记颜色，R134a 的容器为浅蓝色。

R1234yf 又名 HFO1234yf，被认为是目前最理想的 R134a 替代制冷剂，因为采用该制冷剂后，可以继续沿用原车空调系统。海外销售的部分车型已经开始使用该制冷剂。R1234yf 的沸点为 -29.4℃，与 R134a 沸点相似，但它在大气中分解得很快，对环境的影响几乎可以忽略。R1234yf 容器的标记颜色是白色和红色相间。

R134a 是一种温室气体，其 GWP 值大于 1430。由于环境影响，R134a 正逐渐停用，取而代之的是 R1234yf，其 GWP 值小于 1。R1234yf 的沸点为 -29.4℃（-20.92°F）。

从 2012 年开始，一系列配备采用全新 R1234yf 气体运行的空调系统的车辆进入了欧洲和北美市场。然而，路面上的绝大部分车辆仍在使用旧的 R134a 制冷剂。在接下来的几年，这些车辆将继续需要维修，这意味着车间需要既能处理新制冷剂又能处理旧制冷剂的设备。因此，务必使用专门为所维修车辆中的制冷剂设计并且已经过正确认证的设备。

图 1-22　制冷剂分析仪

### 1. 制冷剂分析仪

无论制冷剂类型是 R134a 还是 R1234yf，在维护操作过程中，技术人员都可能需要回收和/或排空/加注车辆的空调制冷剂。注意：在任何车辆上回收制冷剂前，必须使用制冷剂分析仪（图 1-22）测试车辆中制冷剂的纯度。如果车辆制冷剂受到混合制冷剂的污染、加入了不同的制冷剂或混入了丙烷或丁烷，切勿将受污染的制冷剂回收到车间的制冷剂维修站中。否则，制冷剂维修站中的制冷剂罐将被污染。如果用制冷剂维修站维修其他车辆的空调系统，制冷剂也将被污染，并有可能最终导致系统故障。这意味着需要进行成本高昂的全套系统部件更换，才能使各车辆的空调恢复正常工作。

### 2. 制冷剂回收与加注

回收指的是排空当前空调系统制冷剂，将其存储在合适的容器中，以备在车辆中再次使用的过程。进行制冷剂回收前，应使用制冷剂分析仪。应在空调的最冷设置下运行车辆空调系统约 5min，这可确保制冷剂在系统中彻底循环并确保发动机辐射热量，使用此方法将改善制冷剂回收效果。

1.2　制冷剂回收与加注

排空是去除空调系统中任何不可凝气体（空气/氮气）和水分的过程。排空必须在向系统加注制冷剂之前完成。通过向系统引入真空，系统中所有水的沸点都将显著降低，水将通过蒸发变为蒸气。必须让空调系统长时间处于真空状态，确保系统中的水被清除，这一点至关重要。建议的最小时间长度为 30min；如果系统存在泄漏并失去制冷剂，或在任意时间段与大气相通，则应延长该时间段。

加注时，确保制冷剂加注机的真空度，并且加注机必须在足够长的时间内处于真空状态，以清除系统中的所有水。使用 1/4in（1in=25.4mm）孔径的较小软管将延长完成水分去除所需时间，最多可能延长 3h，温度低的环境还会进一步延长这一时间。

向空调系统加注制冷剂的过程中，制冷剂量根据具体车辆而定。更多信息须参阅维修站《车间维修手册》或发动机舱盖下的制冷剂数据标签。务必在排空后的几分钟内进行加注，否则由 PAG 机油沸腾所产生的制冷剂气体将使压力逐渐积聚，这会影响加注过程。

### 3. 冷冻机油

冷冻机油用于润滑空调系统的运动部件和密封件，它可与制冷剂混合，并在整个系统内循环。冷冻机油是专门用于空调的合成 PAG 油。

1.2 冷冻机油的作用、要求

聚二醇（PAG）机油

1）是合成油。
2）具有各种黏度，具体取决于压缩机型号。
3）可与制冷剂混合。
4）有毒。
5）有吸湿性。
6）含有各种润滑添加剂，具体取决于压缩机品牌和型号。

最多 2% 的水即可让未密封的 PAG 机油容器被饱和。如果 PAG 机油中的水分饱和，它将在空调系统内与制冷剂结合，而制冷剂也具有吸湿性。这会形成酸，使干燥器过载，并导致铜从合金中分离。铜沉积在轴承表面和其他部件上，导致这些部件严重损坏。使用制冷剂油后务必将其正确密封，切勿重复使用从运行的空调系统中清除出来的制冷剂油，因为制冷剂油中可能混合了水分和/或酸。压缩机将 PAG 机油与制冷剂混合，使其在整个系统内循环。制冷剂油以不同的百分比分散在整个系统中。在更换空调部件时，残留在旧部件内的机油也必须更换。如果空调系统出现泄漏，冷冻油会在发生泄漏的地方出现。损失的机油量取决于泄漏地方的大小和泄漏的时长。在修复泄漏之后，请重新加注正确量的损失机油。如果无法计算损失的机油量，则必须拆下并排空压缩机。必须冲出系统其他部分中的旧油，然后将足量的正确类型 PAG 机油加注到系统中。此外，还必须更换干燥器，检查从压缩机回收的机油的颜色，颜色越深，吸收的水分和/或形成的酸就越多。机油中的任何金属光泽或金属微粒都表明压缩机正发生机械磨损。如果未更换损失的机油，可能造成严重的压缩机损坏。对系统过度注油，在最好的情况下，将导致通风口温度至少比预期温度高 5~8℃；在最坏的情况下，将由于液压作用而导致压缩机损坏。

### 4. 制冷剂泄漏检测

如果制冷剂从空调系统中泄漏，空调性能会降低或不工作，具体取决于泄漏的严重程度。如果认为制冷剂加注过少或未加注制冷剂导致冷却性不佳，则必须进行彻底的泄漏检查。注意：如果车辆已有一段时间存在制冷剂过少的情况，则可能由于机油过热或机油循环不充分而损坏压缩机。在使用泄漏检测方法之前，

1.2 制冷剂泄漏检查

应进行彻底的目视检查，以确保没有因损坏而导致的明显泄漏。若管接头周围有一片深色的潮湿油尘表示 PAG 机油和制冷剂已溢出。辅助检查包括对连接管路接头进行气泡溶液检查。制冷剂泄漏检测主要有四种方法真空检测、制冷剂测漏仪、紫外线泄漏检测、氮气压力泄漏测试。

（1）真空检测　真空检测通常作为空调维修的一部分执行。如果系统无法保持真空，则会发生严重泄漏。然而，真空泄漏检测并不总能找出某些类型的泄漏，因为真空可能会导致管道和密封件收缩，并闭合管道裂缝或较差的密封。

**注意**：进行真空检测时，请勿使用泡沫喷雾或尝试找出泄漏位置，这会使水基喷雾液将被吸入系统。如果怀疑存在泄漏并且是空系统，则应使用氮气压力测试仪查找可疑的区域。

（2）制冷剂测漏仪　制冷剂测漏仪专门用于制冷剂的泄漏检测，一般需要两个，一个用于检查 R134a 的泄漏，另一个用于检查 R1234yf 的泄漏。检测时，可在靠近管路和/或部件下侧的系统周围采集空气（使用探针尖端），以查看是否存在制冷剂。这是因为制冷剂气体比空气重得多，会聚积在部件下方。检测到制冷剂时，如果工具的尖端采集到制冷剂，一系列 LED 灯将会闪烁和发出蜂鸣声。检测到泄漏后，将测漏仪逐渐设置为较低的灵敏度，敏感度降低的过程帮助操作员获得泄漏的方向。

（3）紫外线泄漏检测　泄漏示踪染色剂的使用大大改善了制冷剂泄漏的能见度，并帮助找出难以发现的较小制冷剂泄漏。捷豹路虎车辆生产时已向系统中加入了泄漏示踪染色剂。维修系统时，可在系统打开时添加颗粒状态的额外染色剂，或通过低压端口添加液体形式的额外染色剂。无论采取任何一种形式，均要求使用紫外线（UV）灯。使用黄色的玻璃或护目镜可以增强目视检测效果。

> **注意**：UV 灯进行泄漏检测时，有可能错误地在技术人员上一次空调维修时喷涂染色剂的位置指示泄漏。

使用紫外线泄漏检测仪时应遵守以下规定：
1) 务必在系统中的同一点开始检查。
2) 遵循系统内的管路方向进行检测，以返回至起始位置。
3) 在亮度较低的条件下进行测试时，可增强能见度，尤其是少量泄漏的能见度。

（4）氮气压力泄漏测试　如果无法识别泄漏或充气已中断，然后可能需要通过用氮气给系统加压以查找到泄漏处，如图 1-23 所示。要安全执行此程序，使用正确的设备很重要。高压下的氮气瓶用于将加压的氮气引入空调系统。氮气瓶的压力使用阀进行调节，以在可接受的压力下提供氮气（《车间维修手册》规定最大为 $7 \times 10^5$ Pa），然后才允许其进入系统。当系统加压时，操作切断阀并观察系统仪表压力。根据损失量，随着氮气流入大气中，系统压力将会降低。如果泄漏很多，通常可以通过看和听来找到其位置，一般可在系统部件或管路上使用肥皂水溶液来识别泄漏，或者使用超声波泄漏检测器。

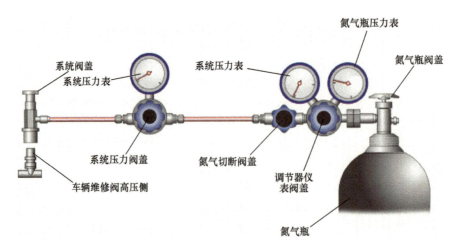

图 1-23　氮气瓶泄漏检测方法

如果检查客户车辆发现制冷剂泄漏，应考虑以下方面。
制冷剂损失：从客户处获取更多信息以确定泄漏的可能性。如果问题刚出现，那么有可能是发生泄漏，如一种原因是石块导致冷凝器损坏；如果问题已出现了一段时间，则泄漏可能是由于制冷剂通过软管（旧款车辆上）、压缩机密封件、部分管接头密封件发生故障或损坏，压缩机垫片和贯穿螺栓、轴密封件和泄压阀、管道接头、冷凝器、接收器/干燥器（蓄能器/干燥器）和蒸发器排放管。

### 三、制冷系统压力检测

对系统进行压力诊断测试时，应认为压力表上显示的压力和温度标度之间的关系只在回路中的制冷剂为液体或蒸气时是正确的。温度标度仅适用于饱和蒸气。在气体状态下，压缩机吸入管和排放管上测得的管道温度比压力表刻度指示的温度高 10～25℃，如图 1-24 所示。这通常意味着系统的制冷剂加注不足（吸入侧）或系统含有不凝气体（排放侧）。

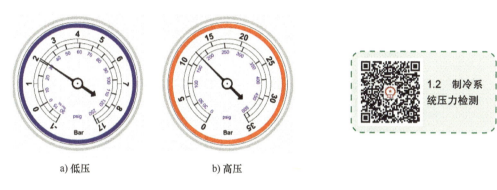

a) 低压　　　　　　b) 高压

图 1-24　22℃时高压和低压正常压力值

在这些示例和问题中，环境温度为 22～25℃。如果测试在不同的环境温度下进行，应使用表 1-1 作为正常压力和温度的参考。

表 1-1　正常压力和温度参考

| 环境温度/℃ | 高压表/($\times 10^5$Pa) | 低压表/($\times 10^5$Pa) |
| --- | --- | --- |
| 16 | 7.9～11.7 | 1.4～2.4 |
| 21 | 11.4～13.4 | 1.7～2.4 |
| 27 | 12.0～15.5 | 1.7～2.8 |
| 32 | 13.4～16.5 | 2.0～2.8 |
| 38 | 15.2～18.6 | 2.0～3.1 |

 **任务实施**

| 空调制冷不良检测 | 学习工作页 | 班级：<br>姓名： |
| --- | --- | --- |

1.汽车内的温度是如何传导的？

2. 写出图中所指零部件的含义。

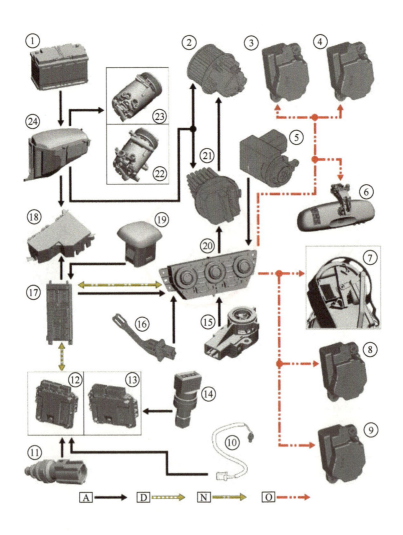

① _____ ② _____ ③ _____ ④ _____ ⑤ _____ ⑥ _____ ⑦ _____
⑧ _____ ⑨ _____ ⑩ _____ ⑪ _____ ⑫ _____ ⑬ _____ ⑭ _____
⑮ _____ ⑯ _____ ⑰ _____ ⑱ _____ ⑲ _____ ⑳ _____ ㉑ _____
㉒ _____ ㉓ _____ ㉔ _____

请分析如何实现双区温度自动控制？
_____
_____

请分析如何实现鼓风机双区温度自动控制？
_____
_____

3.空调系统压力检测。

（1）在空调设备的哪个位置上连接测试压力的气压表软管？

_____

（2）高压和低压检测服务接头横截面有何不同？

_____

在外界温度为20℃时，测量压力图中压力表所示的压力是多少？

低压：_____

高压：_____

（3）膨胀阀的正常高压范围和低压范围是多少？

低压范围：_____

高压范围：_____

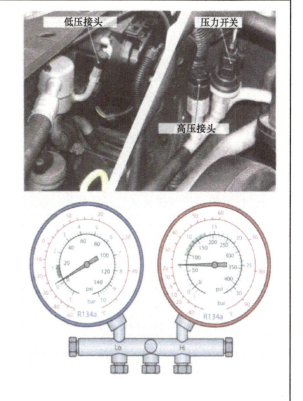

## 任务 1.3　空调不制冷检测

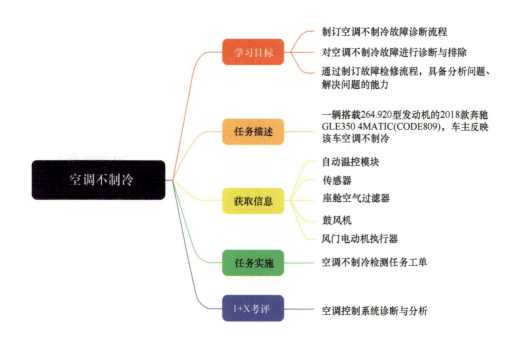

**学习目标**

**知识目标：**
1）掌握压力传感器的工作原理。
2）掌握环境传感器的工作原理。
3）掌握温度传感器的工作原理。
4）制订空调不制冷故障检修流程。

**技能目标：**
1）能依据维修手册，对传感器进行检测与更换。
2）能依据维修手册，对鼓风机进行检测与更换。
3）使用电路图，对压缩机离合器进行电路检测。
4）能依据维修手册，对空调不制冷进行故障的诊断与排除。

**素养目标：**
1）在操作过程中树立安全意识。
2）通过制订故障检修流程，具备分析问题、解决问题的能力。
3）能在工作结束后按照 7S 管理规定整理、恢复作业场地，养成良好的工作习惯。
4）以案例引导学生讨论，培养学生的安全意识。

 **任务描述**

一辆搭载 264.920 型发动机的 2018 款奔驰 GLE350 4MATIC（CODE809），车主反映该车空调不制冷。经维修技师诊断为传感器故障，更换后故障排除。请根据该故障现象制订一份汽车空调不制冷故障检修方案，完成空调制冷不良故障诊断与排除。

 获取信息

车辆中的空调控制系统分为几个密切相关的子系统：空调系统、空气分配和过滤系统、加热和通风系统、电气系统、辅助气候控制系统（如安装）。

### 一、自动温控模块 (ATCM)

空调控制系统由自动温控模块（Automated Temperature Control Module，ATCM）控制，如图 1-25 所示。它控制加热、通风和空调系统，以调节进入乘客舱的空气温度、容量和分配。根据车辆规格的不同，在一些车型中该系统为双区域或四区域系统，该

1.3 空调不制冷原因分析

系统完全自动，能够为乘客舱的每个区域提供各不相同的温度，最大温差可达到约 3.0℃。系统的手动操控包括进气源、鼓风机转速和空气分配。这些选择可以在触摸显示屏（TSD）、集成控制面板（ICP）以及四区域系统、后部气候控制面板上进行。双区域和四区域气候控制系统包含相同的硬件，其各自的 ATCM 模块中含有不同的软件，因而可完成两个系统所要求的不同功能。ATCM 以温度和分配选择的方式接收用户的输入请求。此外，根据不同气候条件，各种传感器还会发送 ATCM 值，作为回应，ATCM 发送相应的输出以匹配输入选择/传感器值，维持乘客做出的温度和分配选择。

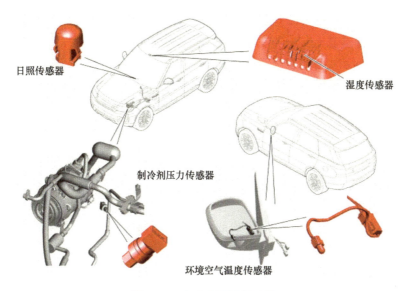

图 1-25 自动空调控制系统

## 二、传感器

### 1. 阳光传感器

阳光传感器包含一个单光电二极管传感器（用于单区域系统）以及整合在一个包内的左右光电二极管传感器（用于多区域车辆），如图 1-26 所示。光电二极管类似于通用的半导体二极管，但它们在封装时留有一个窗口，使阳光能达到设备的敏感元件上。该传感器的构造能使阳光呈一定角度照射在光电二极管上。阳光处于低入射角时，由于光电二极管的角度和阳光穿过的大气层厚度的关系，阳光以及由此带来的热量的强度较低。随着太阳升高至接近垂直于传感器的位置，阳光穿过大气层的距离最近，照射在传感器窗口上的阳光变得更加强烈，传感器电阻减小，因此发送至 ATCM 的信号增强。传感器在完全黑暗和完全明亮的光照强度范围内工作，信号电压在 0～5V 之间变化，气候控制系统（Automated Temperature Control，ATC）模块将其理解为阳光对车辆的加热效应的测量值，即穿过车窗玻璃和车顶的高强度阳光导致车内温度升高。气候控制系统通过调整鼓风机转速、温度和分配来补偿升高的温度，以改善车辆各区域的舒适度。如果 ATCM 检测到故障传感器，则控制模块软件会设置故障诊断码（Diagnostic Trouble Code，DTC），并使用默认阳光值进行 ATCM 操作。默认操作可确保气候控制系统仍能将车内空气温度调整至接近所选的温度，直到修复故障。对于后部阳光传感器，其外观和操作与前传感器相同。

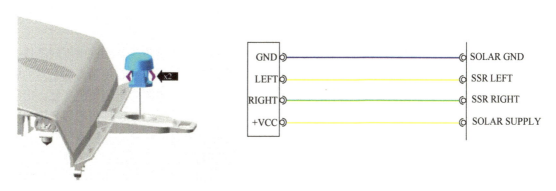

图 1-26 阳光传感器及其控制电路

## 2. 环境空气温度传感器

环境空气温度传感器（ECM）能够监测到车辆外面的环境空气温度，如图1-27所示。环境空气温度用于一系列功能，包括燃油喷油周期、发动机冷却风扇控制和空调压缩机排量控制。环境空气温度传感器是一个NTC热敏电阻器，该热敏电阻器为ECM模块提供外部空气温度输入。此传感器以硬接线方式与ECM连接，由其通过高速控制器域网（Control Area Network，CAN）总线传输温度值，该温度值随之通过中速CAN总线广播并由ATCM接收。环境空气温度传感器通常位于车门后视镜壳体内。

1.3 温度传感器对空调制冷的影响

## 3. 车内温度传感器

车内温度传感器壳体内有一个NTC温度传感器，它通过一个小鼓风机从车内吸取空气，如图1-28所示。该传感器测量气流的温度，并可以防止温度传感器处的升温，这种温升可能会对测量结果造成负面影响。鼓风机与传感器元件安装在一个共用的壳体内。该传感器连接到管道的一端，管道的另一端连接到加热器侧壳的文丘里管上。加热器排出的气流经过毛细管，引起空气沿导管流动（有些车型装有风扇），从而带动座舱空气经过格栅并从传感器上方流过。

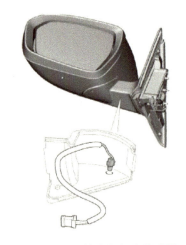

图1-27 环境空气温度传感器

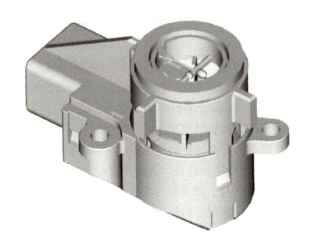

图1-28 车内温度传感器

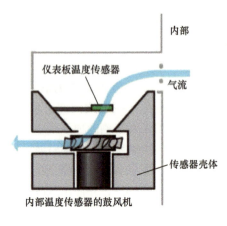

## 4. 湿度传感器

湿度传感器是一个电容式装置，集成在车内温度传感器内。湿度传感器元件由不同基体上的薄膜电容器构成。电容器的电介质是一种半渗透型聚合材料，它根据经过传感器的空气的相对湿度按比例吸收或释放水分，这会改变电介质的特征，从而使传感器的电容发生变化。出于保护目的，传感器元件位于尼龙网罩内。湿度传感器和车内温度传感器连接到传感器壳体内的印制电路板（Printed Circuit Board，PCB）上。PCB的电源由来自ATCM的5V馈电提供，如图1-29所示。温度和相对湿度信号单独从PCB传递回ATCM。

通过数据，ATCM可按照需要调整车内的空气湿度，为乘客提供最佳的舒适度；计算风窗玻璃内侧的空气露点温度；车内湿度可通过提高或降低蒸发器的温度来进行控制。蒸发器温度升高后会增加风窗玻璃处的空气中的潮气；蒸发器温度降低会减少车内空气中的潮气。如果风窗玻璃的温度不高于露点温度，则可能出现雾气，为防止出现这种情况，ATCM 将提高空气温度，使雾气离开气候控制总成；调节除雾电动机的位置将更多空气导入风窗玻璃；调节再循环电动机的位置以引入更多新鲜空气；为风窗玻璃加热器通电。

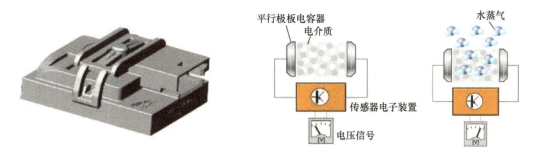

图 1-29 湿度传感器

### 5. 制冷剂压力传感器

空调系统使用制冷剂压力传感器将高压回路中的制冷剂压力告知 ATCM，以使 ATCM 操作空调压缩机，向动力传动系统发送信息，以相应地操作冷却风扇。制冷剂压力传感器提供与所施加的压力成正比的直流输出电压线性变化，这样就可以在系统可能受到的整个压力范围内提供经过校准的精确输出电压。空调中使用的压力传感器为绝对压力传感器，位于回路的高压侧，提供包括大气压力的读数。

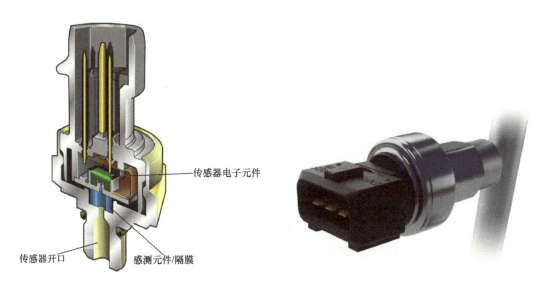

图 1-30 制冷剂压力传感器

传感器的内部结构可细分为一个压力感测元件和一个生成传输至 ATCM 的线性信号的评估电路。隔膜内嵌入了 4 个以桥接电路格式排列的应变仪电阻器。由压力变化产生的传感器变形电阻值的变化使电阻器失真并使电桥失衡，从而向 ATC 模块提供信号反馈，如图 1-31 所示。压力感测元件包含一个隔膜，其暴露于测得的压力，随着压力变化偏转。隔膜具有一个灵活的电阻层，当隔膜弯曲时，电阻值将发生改变。传感器电子元器件将测量电阻值的变化并将其转换为直流电压信号。由于压力传感器具有处理信号所需的电子元器件，需要为其提供电源和接地电路。当测得的压力增大时，信号电压会根据压力成比例增加。

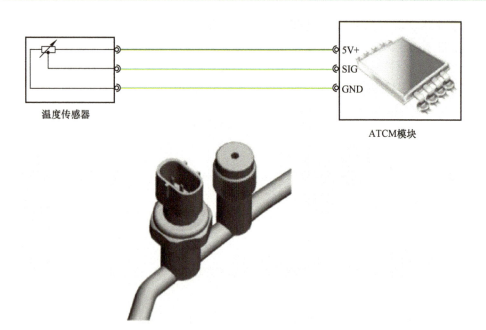

图 1-31 制冷剂压力传感器控制电路

### 6. 蒸发器温度传感器

蒸发器温度传感器是一个 NTC 热敏电阻器,它为 ATCM 提供来自蒸发器下游侧的温度信号。蒸发器温度传感器安装在加热器总成壳体中,靠近蒸发器芯,如图 1-32 所示。ATCM 模块使用来自蒸发器温度传感器的输入,控制空调压缩机的负荷,从而控制蒸发器的工作温度。蒸发器温度低于 2℃将会引起冷凝水冻结,冰会堵塞蒸发器,导致空气流量减少,对乘客舱的制冷效果下降。ATCM 监测此温度并调整压缩机的输送,将蒸发器需求保持在 2℃以上。

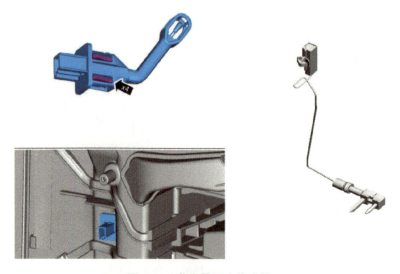

图 1-32 蒸发器温度传感器

### 7. 污染传感器

污染传感器可使 ATCM 监测空气环境中碳氢化合物(HC)、一氧化碳(CO)和氮氧化物($NO_x$)的含量。污染传感器通常安装在散热器后部,位于上部前横梁区域,如图 1-33 所示。ATCM 输出蓄电池电源将污染物传感器加热至工作温度,并为信号提供一个 5V 参考电压。从污染传感器到 ATCM 的信号电压介于 0～5V 之间。如果可检测的污染物进入传感器，ATCM 会启用循环风门自动关闭功能。如果污染物传感器出现故障，ATCM 会禁用循环风门自动关闭功能，以避免湿度聚积和车窗起雾。

### 三、座舱空气过滤器

座舱空气过滤器安装在进气管中，可以是花粉过滤器，也可以是花粉和气味过滤器，如图 1-34 所示。花粉过滤器清除通过鼓风机进入座舱空间的新鲜、循环空气中的微粒，花粉和气味过滤器清除其中的微粒和某些气味。座舱空气过滤器专为过滤大部分空气污染物和气味而设计，包括花粉和灰尘微粒。座舱空气过滤器包括一个碳层，可吸收臭氧、氮氧化物、二氧化硫和碳氢化合物等气体。

图 1-33　污染传感器

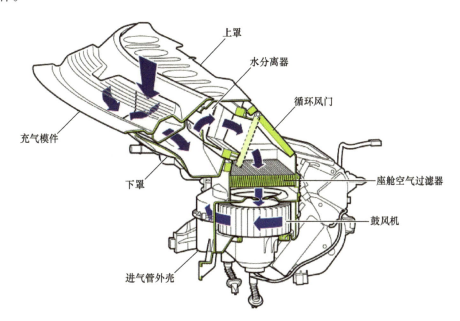

图 1-34　座舱空气过滤器

### 四、鼓风机

鼓风机安装在进气管总成中，如图 1-35 所示，是一个由电动机驱动的风扇。鼓风机的运行由 ATCM 控制。当需要鼓风机时，ATCM 为鼓风机继电器的线圈供电。鼓风机继电器将蓄电池电源电压供应到鼓风机电动机，电动机通过 ATCM 接地。鼓风机速度由鼓风机控制模块控制，该控制模块调节电动机电压，以响应来

1.3　鼓风机控制电路

自 ATCM 的脉冲宽度调制（Pulse Width Modulation，PWM）信号。ATCM 通过改变 PWM 信号的占空比来改变电压。处于自动模式时，ATCM 根据舒适程序中的计算确定所需的速度。当鼓风机处于手动模式时，ATCM 使鼓风机以驾驶人选择的其中一个固定转速运行。鼓风机控制模块安装在进气总成中鼓风机的下游，操作过程中所产生的热量在此处通过气流消散。

## 五、风门电动机执行器

风门电动机执行器用于在气流中移动特定风门，将经过加热/冷却的空气分配至驾驶人选择或 ATCM 请求的所需位置。执行器由 ATCM 通过 LIN 总线控制。总线速度约为 10kbit/s。执行器和 ATCM 按照主/从原理工作，ATCM 可以作为主设备也可以作为从设备工作，风门电动机控制器只能作为从设备工作。ATCM 与电动机控制器没有直接的诊断通信，因为 ATCM 将向诊断仪通知与电动机功能有关的所有问题。风门电动机的 LIN 总线电路串联连接，如果任何一根 LIN 导线断开，则断开的所有电动机都将无法响应或工作，其他电动机可正常工作。如果主设备邀请从设备进行通信，从设备只能通过网络进行通信。如果电动机存在故障，则必须按照正确拆卸程序拆卸，并安装和初始化新电动机。

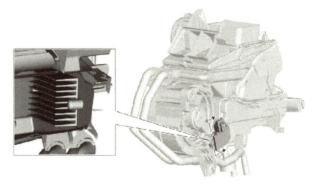

图 1-35　鼓风机

## 任务实施

| 空调不制冷检测 | 学习工作页 | 班级： |
|---|---|---|
| | | 姓名： |

1. 结合图示，说明汽车实现空调制冷功能需要哪些条件。

_____
_____

2. 根据电路图说明阳光传感器的检测步骤。

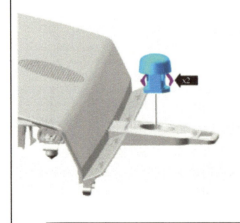

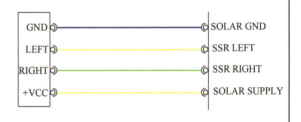

_____
_____
_____

3. 哪些原因可能造成空调的冷却效果变差？
___
___

4. 空调对车内的温度与湿度能产生哪些影响？
___
___
___

5. 请在电路图中画出压缩机电磁离合器的电路。

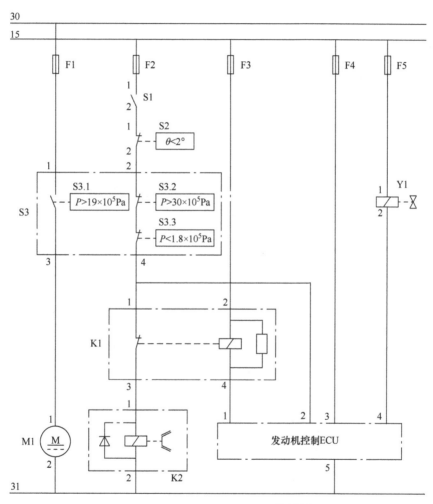

K1 空调设备继电器
K2 空调压缩机电磁离合器
Y1 怠速充气量调节器
M1 辅助风扇
S1 空调设备开关
S2 除霜开关
S3 空调设备压力开关

6. 压缩机电磁离合器的电压应该用万用表进行测量，应在哪两个接线柱和针脚之间进行测量？还需要测量哪些量？
___
___
___

## 任务 1.4　空调无暖风检测

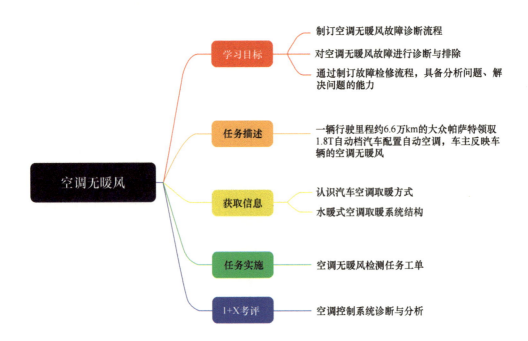

### 学习目标

**知识目标：**
1）说出汽车空调取暖方式。
2）说出水暖式空调系统结构。

**技能目标：**
1）能够使用专用仪器排除空调无暖风故障。
2）能依据维修手册，对空调无暖风故障进行修复。

**素养目标：**
1）在操作过程中树立安全意识。
2）通过制订故障检修流程，具备分析问题、解决问题的能力。
3）能在工作结束后按照7S管理规定整理、恢复作业场地，养成良好的工作习惯。

### 任务描述

一辆行驶里程约6.6万km的大众帕萨特领驭1.8T自动档汽车配置自动空调，车主反映车辆的空调无暖风。要求检查并排除车辆空调无暖风故障，并制订工作过程和步骤。

> 获取信息

## 一、认识汽车空调取暖方式

1.4 空调取暖方式对比

汽车空调取暖系统是将新鲜空气送入热交换器，吸收某种热源的热量，提高空气的温度，并将热空气送入乘客舱内，以达到取暖、调节温湿度以及玻璃除霜除雾的目的。

根据使用热源不同，汽车空调的取暖方式分为发动机余热式、独立热源式、综合预热式3种，如图1-36所示。

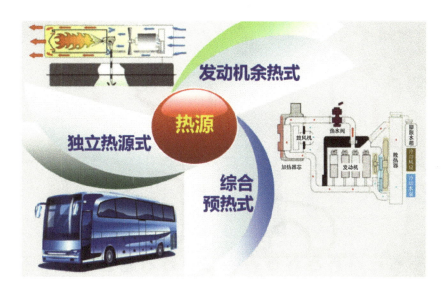

图1-36 汽车空调的三种取暖方式

1）发动机余热式。顾名思义，是利用发动机的余热来供暖。这种方式无须再重新设计安装一套单独取暖装置，设备简单，使用起来安全且经济。发动机余热式取暖方式多用于需要热量较少的轿车、货车和中小型客车。

余热式取暖系统又分为水暖式和气暖式两种。水暖式取暖系统是利用发动机冷却液的热量进行取暖。气暖式取暖系统是利用发动机排气系统的热量进行取暖。相比较来说，水暖式取暖系统热量比较均匀，温度值变化比较平滑。气暖式取暖系统温度变化较大，发动机一旦停转，热源很快消失。

2）一般在大型的豪华旅游车或客车上，常常采用独立热源式取暖系统。这种系统是在燃烧器里燃烧汽油、煤油、柴油等燃料，用燃烧产生的热量加热空气并将它们输送到车内提高温度，而燃烧的废气则排放到大气中。这种系统取暖快，不受发动机工况的影响，可在不起动发动机的情况下进行取暖，但是舒适性差、结构比较复杂。

3）综合预热式取暖系统多用于大型客车上的取暖，既装有余热式取暖装置，又装有独立热源式取暖装置。由于包含两种取暖装置，因此，其使用更加方便，但结构也更加复杂，占用空间更大，维修也困难。

**想一想**：你认为汽车空调在开暖风时会费油吗？
_____
_____

## 二、水暖式空调取暖系统结构

水暖式空调取暖系统如图 1-37 所示，它是利用发动机冷却液的热量来进行取暖的。当使用暖气时，发动机分流出的高温冷却液送入采暖装置的加热器芯。冷空气在鼓风机的作用下，通过加热器被加热后，由不同的出风口吹向乘客舱内，从而达到取暖效果。

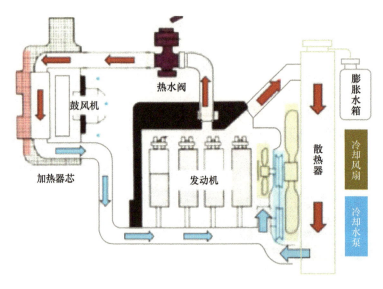

图 1-37　水暖式空调取暖系统

水暖式空调取暖系统部件有暖风开关、加热器芯、冷却液控制阀（热水阀）、鼓风机、热水管等。暖风开关用来调整空调出风口温度及鼓风机转速。加热器芯由水管和散热翅片组成，发动机的冷却液进入加热器芯的水管，通过散热翅片散热后，再返回发动机的冷却系统。

冷却液控制阀，也就是热水阀，安装在发动机冷却液通道中，用于控制进入加热器芯的冷却液流量，进而调节制冷系统的加热量，可通过控制面板上的调节旋钮进行控制。

鼓风机是由可调节速度的直流电动机和风扇组成，其作用是将空气吹过加热器芯加热后送入车内。调节电动机的速度，即可以调节车厢内的送风量。

除此之外，在取暖过程中，空调的各个出风口传感器、蒸发箱温度传感器、流量阀、循环阀、冷却液温度传感器、控制单元等很多电子及机械元件也在参与工作。

**头脑风暴**：冬天开暖风时，为什么需要在冷却液温度达到 90℃后再开启？
_____
_____

## 任务实施

| 空调无暖风检测 | 学习工作页 | 班级： |
|---|---|---|
| | | 姓名： |

1. 汽车空调取暖系统的定义和作用是什么？
_____
_____
_____
_____

2. 汽车空调的取暖方式有几种？分别适用什么类型的汽车？
_____
_____
_____
_____

3. 发动机余热式取暖系统分为水暖式和气暖式两种。请对比说明这两种取暖方式的特点。

| 水暖式 | 气暖式 |
|---|---|
|  |  |

4. 写出下图中序号所代表的部件。

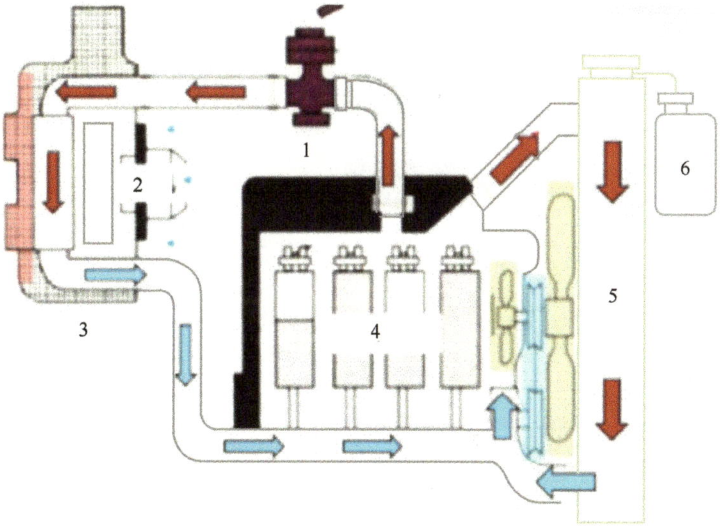

1_____ 2_____ 3_____ 4_____ 5_____ 6_____

分别写出以上各部件的作用。
_____
_____
_____

5. 结合题目 4 中图片说明传统汽车空调暖风系统是如何进行工作的。
_____
_____
_____
_____

## 任务 1.5　空调有异味检测

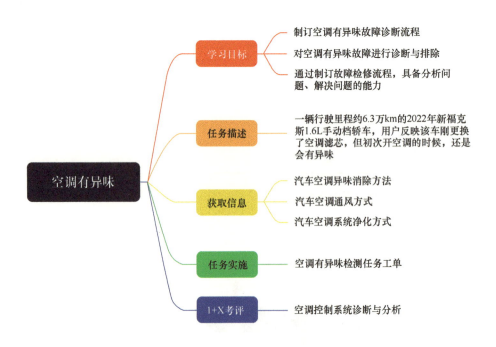

### 学习目标

**知识目标：**
1）说出汽车空调有异味的原因和清除方法。
2）说出汽车空调的通风方式和净化方式。

**技能目标：**
能够正确清除空调异味。

**素养目标：**
1) 在操作过程中树立安全意识。
2) 通过制订故障检修流程，具备分析问题、解决问题的能力。
3) 能在工作结束后按照7S管理规定整理、恢复作业场地，养成良好的工作习惯。

## 任务描述

一辆行驶里程约6.3万km的2022年新福克斯1.6L手动档轿车，用户反映该车刚更换了空调滤芯，但初次开空调的时候，还是会有异味。要求检查并排除车辆空调有异味故障，制订工作过程和步骤。

## 获取信息

### 一、汽车空调异味消除方法

#### 1. 更换空调滤芯

到汽车4S店里更换空调滤芯，可保证空调的空气源是干净的，能把空气里的杂质充分的过滤掉，但这种方法并不能根除空调异味。

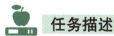

1.5 汽车空调系统异味形成原因与消除办法

#### 2. 喷雾式药液杀菌法

市场上有很多种用于清理空调进出风口的喷雾式药液，短时效果明显，但异味易反弹，且喷雾剂很难100%接触蒸发箱的表面。

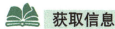

1.5 更换汽车空调滤芯

#### 3. 臭氧杀菌法

借助臭氧杀菌机，打开空调，进行内循环以大范围的杀菌消毒。但是，过浓的臭氧有可能对车内电子元件的金属部位有腐蚀作用，而且浓度超过一定量的臭氧对人体有害。

#### 4. 泡沫剂清洗法

通过拆卸杂物箱、鼓风机等部件，借助软管将泡沫剂喷涂到风道及蒸发箱的表面，进行外循环风道杀菌，这样风道基本可以清洗干净。蒸发箱位置比较隐蔽，清洗比较麻烦，只能解决部分异味问题，要想起到长期的效果或者空调已经很长时间没有进行清洗，应清洗空调。

1.5 清洗空调系统风道及空调蒸发箱

**想一想**：汽车空调产生异味的原因是什么？
_____
_____

### 二、汽车空调通风方式

汽车空调的通风主要有自然通风、强制通风与综合通风3种方式。

### 1. 自然通风

汽车空调中的外循环系统指的就是自然通风。自然通风是利用汽车行驶过程中车身内外表面产生的风压差，在适当的地方开设通风口，通常进气口设在副驾驶人的前方，空气经过空气室盖板后通过车身上的通风口后进入室内。排气口也称泄压口，设置在左右侧围钣金上，室内空气从这里流出室外，最终实现在密闭状态下的车内空气的通风换气。当然最自然的通风就是开车窗或天窗。

1.5 汽车空调通风方式

车身内外壁面上开设进出风口，利用车辆行驶时产生的风压，将外部空气引入车内循环后再排出。

空气的入口设在正压区，出口设在负压区，形成空气的自然流动。进、排口设置必须保证车内空气略有正压，使车内空气压力略高于外界大气压力，防止有害气体进入车内。

### 2. 强制通风

当汽车车速低或停车时，车身内外表面气压差不足，仅仅依靠自然通风不能保证车内空气新鲜，这时需要强制通风。强制通风的主要部件是鼓风机，鼓风机工作时，将车外新鲜空气强制送入车内，最终实现通风换气。

### 3. 综合通风

综合通风是指汽车上同时采用自然通风和强制通风。目前汽车上基本都是采用综合通风的方式。

**头脑风暴**：汽车空调通风方式有哪些？
_____
_____

## 三、汽车空调系统净化方式

汽车空调的净化包括两部分，即室外流入室内的空气净化和室内循环空气的净化。

汽车行驶过程中，粉尘是最大的污染物，空调净化系统对室外空气中粉尘的净化，主要采取过滤除尘和静电除尘两种形式。

1.5 汽车空调系统的净化方式

### 1. 过滤除尘

过滤除尘是在空调系统的送风和回风口处设置空气滤清装置，主要是对尘埃等颗粒物进行过滤。

### 2. 静电除尘

静电除尘是在空气进口的过滤器后面再设置一套静电除尘装置。静电除尘是利用高压电极产生高压电场，对空气进行电离，使尘粒带电，然后在电场作用下产生定向运动，沉降在正负电极上而实现对空气的过滤除尘。

空调净化系统的去除异味和有毒气体的形式主要有3种，即活性炭去除、催化反应器去除和负离子发生器去除。

（1）利用活性炭去除　利用活性炭去除异味是汽车空调净化系统的主要方法，活性炭能够吸附空气中有毒有气味的成分，如汗臭、烟味和人体发出的各种异味，另外还能吸收有害的氯化物和硫化物。

（2）催化反应器去除　活性炭对于室外流入室内的空气中的有毒气体，如 CO、$NO_x$、HC 等几乎不起吸附作用，故需要另外的催化反应器将这些气体进行净化。

（3）负离子发生器去除　空气中含有轻离子、中离子、重离子 3 类离子，这些离子都是带电的，其中带负电荷的离子称为负离子，负离子对人体健康有利。负离子发生器就是利用电晕放电使空气负离子化的装置，目前在高档汽车上该装置基本是标配。

 **任务实施**

| 空调有异味检测 | 学习工作页 | 班级：<br>姓名： |
|---|---|---|

任务：某车刚更换了空调滤芯，但初次开空调的时候，还是会有异味。

1. 请列举汽车空调产生异味的原因。
_____
_____
_____

2. 清除汽车空调异味的方法有哪些？并做简要说明。
_____
_____
_____

3. 写出汽车空调常见的通风方式并进行解释。
_____
_____
_____

4. 汽车行驶过程中，粉尘是最大的污染物。空调净化系统可以采用何种方式对室外空气中的粉尘进行净化？
_____
_____
_____
_____

5. 汽车空调净化系统如何去除出现的异味和有毒气体，保证车内空气的清洁？
_____
_____
_____
_____

## 任务 1.6　新能源汽车空调不制冷检测

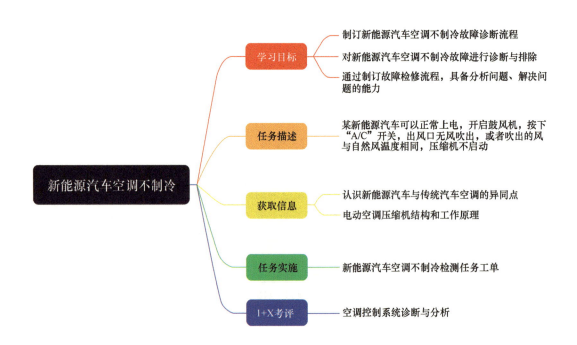

 **学习目标**

知识目标：
1）说出新能源汽车空调的结构组成。
2）说出新能源汽车与传统汽车空调的异同点。
3）说出电动压缩机的结构和工作原理。

技能目标：
能够正确排除新能源汽车空调不制冷的故障。

素养目标：
1）在操作过程中树立安全意识。
2）通过制订故障检修流程，具备分析问题、解决问题的能力。
3）能在工作结束后按照 7S 管理规定整理、恢复作业场地，养成良好的工作习惯。

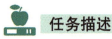 **任务描述**

某新能源汽车，车辆可以正常上电，开启鼓风机，按下"A/C"开关，出风口无风吹出，或者吹出的风与自然风温度相同，压缩机不启动。要求检查并排除车辆空调不制冷故障，并制订工作过程和步骤。

## 获取信息

### 一、认识新能源汽车与传统汽车空调的异同点

结合传统汽车空调系统的组成可知,新能源汽车空调也有高低压管路、风扇、冷凝器、膨胀阀、鼓风机、蒸发箱、干燥器、冷媒等部件。除此之外,传统汽车空调系统还有制冷设备、制热设备和冷冻油等。传统汽车的制冷设备是传统压缩机,在新能源汽车中,由于没有发动机,传统压缩机已经不能使用,换成了电动压缩机。同样,与燃油汽车可利用发动机余热为车厢内输送热量不同,电动汽车空调制热时没有余热可以利用,就需要由正温度系数(Positive Temperature Coefficient,PTC)热敏电阻来完成任务。例如在特斯拉电动汽车上采用的是绝缘冷冻油,这是和传统燃油汽车不一样的。传统燃油汽车空调系统服务的是车内环境,可以使驾乘人员更舒适。新能源汽车空调除了让人舒适之外,还要兼顾蓄电池和电动机的温度。

1.6 新能源汽车与传统汽车空调的异同点

**想一想**:新能源汽车的空调能够使用传统汽车空调的制冷剂吗?

### 二、电动空调压缩机结构和工作原理

电动空调压缩机不再依靠发动机来获取工作动力,车辆动力输出更加平稳。新能源汽车采用的是一体化电动涡旋压缩机,主要包含端盖、机壳、动涡盘、定涡盘、支撑盘、防自转机构,如图1-38所示。

1.6 电动空调压缩机结构和工作原理

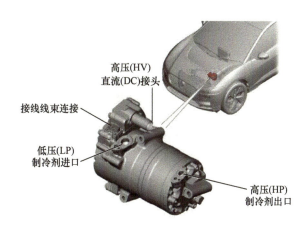

图 1-38 电动空调压缩机

电动空调(A/C)压缩机是一个三相变速涡旋式压缩机,通过三相交流电(AC)电动机驱动。电动空调压缩机包含一个直流(DC)至交流逆变器,为三相交流电电动机供电。通过压缩来自空调(A/C)系统的低压、低温蒸气,电动压缩机使制冷剂在A/C系统周围循环。然后电动空调压缩机将产生的高压高温蒸气排入A/C系统中。为防止A/C系统承受过大的压力,在电动空调压缩机出口侧安装了一个泄压阀(PRV)用于排压。通过改变电动机转速,可改变电动

空调压缩机的排量，这由供热通风与空气调节（HVAC）控制模块进行控制。HVAC控制电动空调压缩机的转速，以匹配A/C系统的热负载和其他因素。HVAC通过LIN总线控制电动空调压缩机的操作。

需要注意的是：在断开车辆的高压（HV）系统电源之前，请勿对电动空调压缩机执行任何操作；仅在A/C系统中使用SP-A2油。在A/C系统中使用不正确的油品会降低电动空调压缩机的内部电阻，导致触电，从而造成死亡或人身伤害。

电动空调压缩机工作原理如图1-39所示。

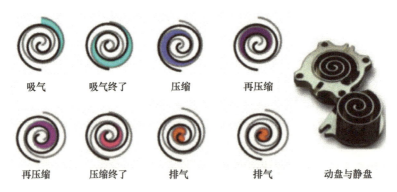

图 1-39　电动空调压缩机的工作原理

电动空调压缩机通过电控控制，电动机转动通过曲轴带动压缩机工作，电动涡旋压缩机在工作时定涡盘是固定在机架上的，而动涡盘则由电动机直接驱动。动涡盘不能自转，只能围绕定涡盘做很小回转半径的公转运动。当驱动电动机旋转带动涡盘空转时，制冷器通过滤芯吸入定涡盘的外围部分，随着驱动轴旋转。动涡盘在定涡盘内按轨迹运转，使动定涡盘之间形成由内向外体积逐渐缩小的六个腔。制冷剂在动定涡盘所组成的六个月牙形压缩腔内被逐步压缩，最后从定涡盘中心通过阀片将压缩后的制冷剂连续开出，电动涡旋压缩机运转时均由外向内逐渐变小，且处于不同的压缩状态，以此保证涡旋式压缩机能在不同的状态下连续不断地吸气、压缩、排气。作为压缩机核心部件，要能保证稳定的和源源不断的动力输出，动涡盘工作时转速可高达9000~13000r/min，所输出的能量足以保证绝大多数车辆空调制冷的要求。

电动涡旋压缩机的优缺点如下：

优点：

1）电动涡旋压缩机的力矩变化小，平衡性高，振动小，运转平稳，从而操作简便，易于实现自动化。

2）在电动涡旋压缩机适应的制冷量范围内，具有较高的效率。

3）电动涡旋压缩机由于没有往复运转机构，所以结构简单、体积小、重量轻、零部件少，特别是易损件少，可靠性高。

缺点：

1）电动涡旋压缩机的运动机件表面多呈曲面，这些曲面的加工及检验均较复杂，有的还需要专用设备，因此制造成本较高，加工精度非常高。

2）电动涡旋压缩机的密封要求高，密封结构复杂。

**头脑风暴**：电动空调压缩机不再依靠发动机来获取工作动力，那它的动力源来自哪里？
_____
_____

## 任务实施

| 新能源汽车空调不制冷检测 | 学习工作页 | 班级： |
|---|---|---|
| | | 姓名： |

任务：某新能源汽车，车辆可以正常上电，开启鼓风机，按下"A/C"开关，出风口无风吹出，或者吹出的风与自然风温度相同，压缩机不启动。

1. 写出新能源汽车与传统汽车空调的异同点。

| | 新能源汽车空调 | 传统汽车空调 |
|---|---|---|
| 相同点 | | |
| 不同点 | | |

2. 写出图中所指零部件的含义。

1 _____    2 _____

3 _____    4 _____

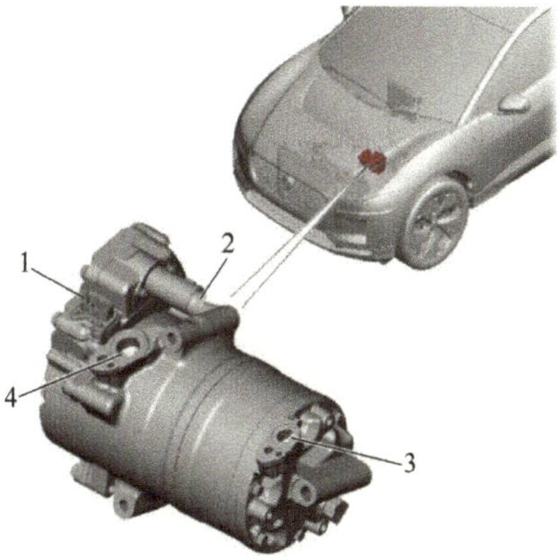

3. 新能源汽车的空调能否使用传统汽车空调的制冷剂和冷冻机油？为什么？

_____
_____
_____
_____

4. 请根据图中内容写出电动涡旋压缩机的工作原理。

吸气　　吸气终了　　压缩　　再压缩

再压缩　　压缩终了　　排气　　排气　　动盘与静盘

_____
_____
_____
_____

5. 分析电动涡旋压缩机的优缺点。

_____
_____
_____
_____

# 项目 2 汽车音响系统

## 情境描述

汽车音响系统是为了减轻驾驶人和乘员旅行中的枯燥感而设置的收放音装置。汽车上最早使用的是汽车调幅收音机,后来是调幅调频收音机、磁带放音机,发展至 CD 放音机和兼容 DCC、DAT 数码音响。现代汽车音响无论在音色、操作和防振等各方面均达到了较高的标准,能应付汽车在崎岖的道路上颠簸,保证性能的稳定和音质的完美。汽车音响系统主要包括主机、扬声器、功放三部分。其中主机是汽车音响中最重要的组成部分,就好像人的大脑,要发出什么样的声音,得由大脑来控制。流行的主机有只有广播接收功能的 RADIO 主机、RADIO 加 MP3 主机、CD 主机、MP3 加 CD 碟盒、CD 加导航主机和 CD/DVD/ 车载 MP5 主机,当前 MP5 主机已替代一般的车载 CD 音响系统、海量硬盘容量已取代传统的碟片成为主流。

## 任务 2.1 音响系统异常检测

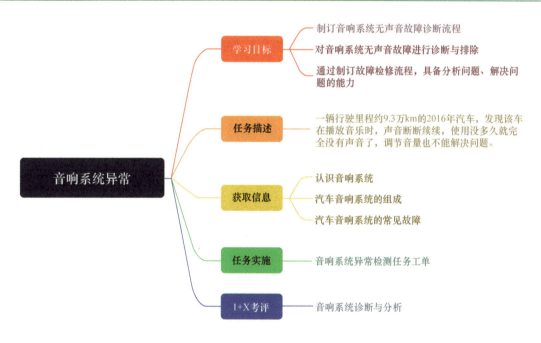

### 学习目标

**知识目标:**

1)掌握汽车音响系统的组成。
2)掌握音响故障的诊断思路。

**技能目标：**
1）通过查阅电路图册，找到音响系统各组成部分的位置。
2）能使用诊断仪读取音响系统故障码。

**素养目标：**
1）在操作过程中树立规范操作的意识。
2）通过制订故障检修流程，培养分析问题、解决问题的能力。
3）能按照7S管理规定整理、恢复作业场地，养成良好的工作习惯。
4）以案例引导学生讨论，培养学生的道路安全意识。

## 任务描述

一辆行驶里程约9.3万km的2016年汽车，发现该车在播放音乐时，声音断断续续，使用没多久就完全没有声音了，调节音量也不能解决问题。请根据该故障现象制订一份汽车音响系统故障检修方案，完成音响系统的故障诊断与排除。

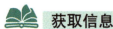
## 获取信息

### 一、认识音响系统

#### 1. 汽车音响系统

汽车音响（auto audio）是将收音机、磁带或CD放音机、MP3、MP4、U盘等媒介中的信息以音频和视频的形式播放出来的一类装置。

2.1 走进音响系统

#### 2. 汽车音响系统的发展历程

汽车音响系统作为车载娱乐系统，是衡量汽车舒适性的重要指标，现已成为不可或缺的辅助设备，甚至左右着客户对车型的选择。汽车音响已经从最初的收音机逐渐发展到目前车载多媒体娱乐系统。

（1）收音机　收音机作为最早、最古老的汽车音响产品，至今仍活跃在汽车音响的舞台上。目前，收音机主要应用于低端车型和货运车辆。

（2）CD机　CD机是带有CD机芯的播放器，主要功能有收音机，播放CD碟片及CD-MP3碟片，支持U盘或SD卡读取、AUX音频输入、RCA音频输出等功能，播放音频格式为MP3、WMA等。

（3）DVD播放器　DVD播放器是在CD机的基础上增加播放视频的功能，主要应用于中高端车型。

（4）多媒体娱乐系统　多媒体娱乐系统是现代汽车中功能最齐全的音响系统，在音频播放和视频播放的基础上增加了图片浏览、蓝牙、导航、倒车影像等功能。

#### 3. 汽车音响系统的作用

汽车音响系统的主要作用是减轻驾驶人和乘员旅行中的枯燥感，兼有视听娱乐、通信导航、辅助驾驶等功能。

#### 4. 音响和音箱的区别

音响和音箱的区别其实就是整体与部分的区别，音响是一整套系统，而音箱只是这个系中的一部分，可以理解为：音箱+功率放大器+音源=音响。

> **想一想**：音响和音箱的区别是什么？
> _____
> _____

## 二、汽车音响系统的组成

从宏观角度上说，汽车音响系统主要由主机、功率放大器和扬声器（图2-1）3部分组成。

2.1　音响系统的组成

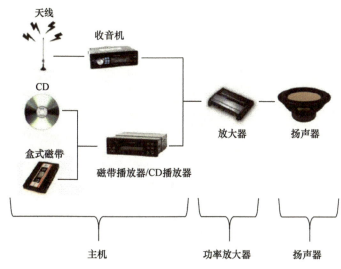

图 2-1　汽车音响系统组成示意图

主机是音频信号的发生装置，功率放大器（简称"功放"）是信号的调制放大装置，扬声器是音频信号的播放装置。主机、功放和扬声器的关系就类似于发动机、减速器、车轮的关系，发动机产生的动力经减速器减速增矩后最终传递给车轮，主机产生的音频信号经功率放大器放大后传给扬声器进行播放。

**1. 主机**

主机又叫音源，是汽车音响系统的"指挥官"，就像人的大脑，音响要想发出什么样的声音，必须由大脑来控制。

（1）主机的特点

1）体积小。受汽车仪表盘面积的限制，主机体积不能太大，在有限的体积内要使各项技术指标都达到要求，就对设计和技术提出了更高的要求。

2）抗干扰能力强。由于与其他电器设施共用一个蓄电池，因此汽车音响要对其他线路产生的噪声有较强的抗干扰能力。

3）抗振能力好。汽车的行驶环境比较复杂，因此需要有较好的抗冲击性振动的能力。

4）采用12V直流供电。小电压大电流的特点要求导电材质阻抗要小，以满足输出功率。

（2）主机的分类　按外观尺寸可分为1-DIN和2-DIN两种规格（图2-2）。DIN最早是德国使用的音响尺寸规格，后来就延续下来，标准的音响都按这个尺寸执行。

1-DIN                    2-DIN

图 2-2  1-DIN 和 2-DIN 主机

DIN 指汽车中控台预留给汽车电器用品的标准安装空间，如车载 DVD 等，1-DIN 指一个标准空间，2-DIN 则是 1-DIN 的两倍空间。2-DIN 一般用于音响主机、调谐器、LCD 显示屏的安装（图 2-2）。

主机按照信号源可分为：收音机（FM/AM）、磁带、CD、VCD、DVD、MP3 等（图 2-3），将这些声源按不同方式组合，即可生产出不同款式、不同风格、不同档次的音响主机。

图 2-3  各类信号源

**2. 功率放大器**

功率放大器（图 2-4）简称功放，又称信号放大器，其主要作用是将各种音视频信号进行电压放大和功率放大，然后驱动扬声器发出声音。

一般主机带有内置功放，但是功率较小，不能满足高品质音响的需求，所以车辆需要外置功放来达到高品质的音响效果。

**3. 扬声器**

扬声器（图 2-5）俗称喇叭，是将电信号转换成声信号的装置，扬声器的数量、质量和安装位置影响着整个音响系统的风格。

图 2-4  功率放大器                    图 2-5  扬声器

**头脑风暴**：汽车音响系统由哪些部分组成？

_____

_____

### 三、汽车音响系统的常见故障

由于使用环境的原因，汽车音响在使用过程中经常会出现一些故障，在此列举几种音响系统常见故障的可能原因及排除方法。

2.1 音响系统不工作检测

#### 1. 一个或个别几个扬声器不工作

由于不是所有的扬声器都不工作，因此可以确认主机是没有问题的，那么就需要检查功放模块或不工作的扬声器。首先要排查扬声器是否存在短路或断路等自身故障，如果不是则需要使用故障诊断仪检查音频放大器模块是否存在相关故障码 DTC，并参考相关 DTC 完成故障诊断与排除。诊断思路如图 2-6 所示。

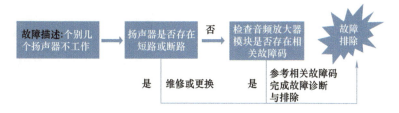

图 2-6　一个或个别几个扬声器不工作诊断思路

#### 2. 音频系统不工作

引起音频系统不工作的原因比较多，如 AM/FM 天线故障、网络传输模块故障、电源故障、集成音频模块内部故障等。

故障诊断思路：首先检查其他音频源是否能激活扬声器，进而检查线束是否有损坏迹象或插头是否有松动；使用故障诊断仪检查集成音频模块是否存在相关故障码，并参考相关故障码完成故障诊断与排除。诊断思路如图 2-7 所示。

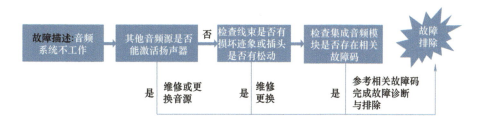

图 2-7　音频系统不工作诊断思路

#### 3. 数字收音机不工作

数字收音机不工作可能的原因有：数字收音机天线故障、调谐器故障、天线连接或线束故障、媒体导向系统传输（MOST）网络故障、电源故障、数字广播控制模块内部故障等。

故障诊断思路：首先检查线束是否有损坏的迹象，使用故障诊断仪检查集成音频模块是否存在相关故障码，并参考相关故障码完成故障诊断与排除。诊断思路如图 2-8 所示。

图 2-8　数字收音机不工作诊断思路

 **任务实施**

| 音响系统异常检测 | 学习工作页 | 班级： |
|---|---|---|
| | | 姓名： |

1.汽车音响系统的作用是什么？
_____
_____
_____

2.写出图中所指零部件的含义。

1_____　2_____　3_____　4_____　5_____　6_____

3. 汽车音响系统由哪几部分组成？分别起什么作用？

| 组成部分 | 作用 |
| --- | --- |
|  |  |
|  |  |
|  |  |

4. 进行汽车音响系统常见故障分析。
（1）一个或个别几个扬声器不工作。

_____
_____
_____
_____
_____

（2）音频系统不工作。

_____
_____
_____
_____
_____

（3）数字收音机不工作。

_____
_____
_____
_____
_____

## 任务 2.2　音响系统的匹配检测

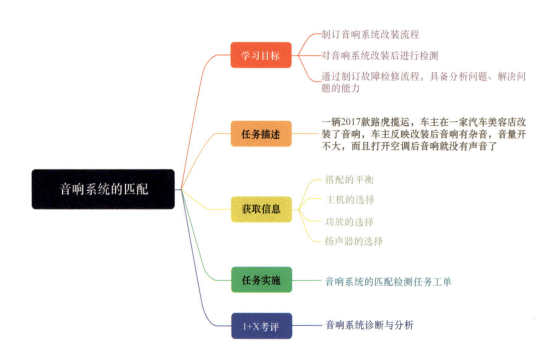

 **学习目标**

**知识目标：**
1）能复述音响系统改装的搭配原则。
2）掌握主机、功放、扬声器选择的注意事项。

**技能目标：**
查阅电路图册，对音响系统进行更换。

**素养目标：**
1）在操作过程中树立规范操作的意识。
2）通过制订故障检修流程，具备分析问题、解决问题的能力。
3）能按照 7S 管理规定整理、恢复作业场地，养成良好的工作习惯。
4）以案例引导学生讨论，培养学生的道路安全意识。

 **任务描述**

　　一辆 2017 款路虎揽运，车主在一家汽车美容店改装了音响，车主反映改装后音响有杂音，音量开不大，而且打开空调后音响就没有声音了。请根据该故障现象制订一份汽车音响改装导致的故障检修方案，完成汽车改装音响故障诊断与排除。

 **获取信息**

随着生活水平的不断提高,人们的生活品质也在不断提高,越来越多的人都想为自己的爱车改装高档的汽车音响,以提高自己的行驶品质,追求更高档次的娱乐享受。那么,车载音响的搭配原则和方法就显得尤为重要。

### 一、搭配的平衡

在主机、功放、扬声器等器材相互搭配时,不仅需要考虑价格问题,还需要考虑其搭配的平衡性,类似于水桶效应,音响系统的整体效果往往取决于最薄弱的环节,如果不找出这块短板而一味地去增加长板的长度,音质提升的效率也会非常低。

> 2.2 音响系统的匹配选择

### 二、主机的选择

主机是整个音响的音源,对音响的音质影响最大,所以在选择主机上要重点考虑音质、功能、质量稳定、价格等因素。选择主机时可以优先考虑进口大品牌,进口大品牌主机品质具有一定的保障,生产工艺精良,如阿尔派、先锋、歌乐等;国产的主机性价比更高,虽然音质和音频输出的稳定性上和进口音响相比还有一些距离,但是比较适合国内大部分车主使用。

### 三、功放的选择

音响的输出原则本质上就是选择较大功率输出,如果不选择大功率输出而选择小功率,有可能导致声音失真,甚至烧毁功放。但是一味地追求大功率输出的功放也可能导致系统的成本超标,使得扬声器等成为短板。

### 四、扬声器的选择

一套音响中,成本占比最大的就是扬声器,其次是功放,最后是音源。一般来说,扬声器的选择最好跟功放是同种风格,否则播放出来的效果,轻则不伦不类,重则损坏器材。此外,若要使得音响的音质最佳,功放的额定功率应稍大于扬声器的额定功率,使功放的功率有一点余量。

**想一想**:音响的匹配需要注意什么?
_____
_____

 **任务实施**

| 音响系统的匹配检测 | 学习工作页 | 班级: |
| --- | --- | --- |
| | | 姓名: |
| 任务:一位客户希望改装音响系统,以提高音响的品质。<br>1.写出图中所指零部件的含义。 | | |

1_____  2_____  3_____  4_____  5_____  6_____  7_____
8_____  9_____  10_____  11_____  12_____  13_____  14_____
15_____  16_____  17_____  18_____  19_____

2. 简述汽车音响系统各组成部分的匹配原则。
_____
_____
_____
_____

3. 写出汽车音响系统各组成部分的选择依据及注意事项。

| 音响系统组成部分 | 选择依据及注意事项 |
| --- | --- |
| 主机 |  |
| 功率放大器 |  |
| 扬声器 |  |

# 项目 3
## 汽车驻车辅助系统

### 情境描述

当代汽车上，驻车辅助系统越来越普及，它们提供了很多舒适安全的应用。汽车驻车辅助系统包括镶嵌在前、后保险杠内的超声波雷达，每个雷达的直径约为15mm，雷达发出的超声波检测信号在碰到障碍物时会发生反射，传感器重新接收到反射信号后会及时将其反馈到系统内部进行距离测算，并通过声音、视频等方式提醒驾驶人车辆与视野以外的障碍物之间的距离远近。短距离雷达范围从几厘米到30m，可用于盲点探测、倒车辅助或车位测量，以引导汽车自助泊车；长距离雷达可达到250m，用于启动自适应巡航控制，使汽车与前车速度保持一致。此外，它还可以启动更多重要的功能，如碰撞告警、紧急制动，甚至撞击预警侦测系统等，这些可能触发安全带张力计或其他主动或被动安全功能。显而易见，凭借后面这些功能，电子控制系统需要达到最高的功能安全等级，因为此系统无须驾驶人干预，最终都会使汽车转向或制动。

## 任务 3.1　驻车雷达不工作检测

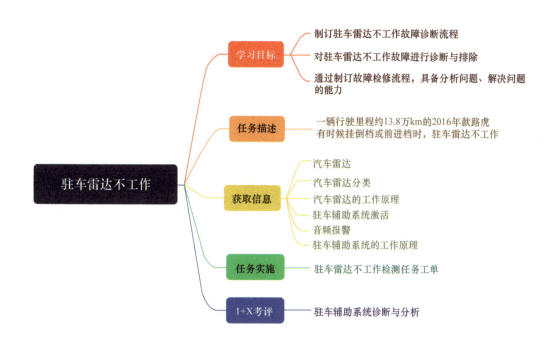

**学习目标**

**知识目标：**
1）说出汽车雷达的工作原理。
2）制订汽车雷达的故障检修流程。

**技能目标：**
1）查阅电路图册，拆画汽车雷达电路图。
2）能依据维修手册，对汽车雷达进行故障诊断与排除。

**素养目标：**
1）在操作过程中树立安全意识。
2）通过制订故障检修流程，具备分析问题、解决问题的能力。
3）能在工作结束后按照7S管理规定整理、恢复作业场地，养成良好的工作习惯。
4）以案例引导学生讨论，培养学生的道路安全意识。

 **任务描述**

一辆行驶里程约13.8万km的2016年款路虎有时候挂倒档或前进档时，驻车雷达不工作。通过技师检测发现，左后外侧雷达的电源线与后保险杠接触短路，修复线束后故障排除。请根据该故障现象制订一份汽车雷达故障检修方案，完成汽车雷达故障诊断与排除。

 **获取信息**

## 一、汽车雷达

汽车雷达（图3-1）是用于汽车或其他地面机动车辆的雷达。因此，它包括基于不同技术（如激光、超声波、微波）的各种不同雷达，有着不同的功能（如发现障碍物、预测碰撞、自适应巡航控制），以及运用不同的工作原理（如脉冲雷达、FMCW雷达、微波冲击雷达）。其中，微波雷达在汽车雷达中有着重要的意义。

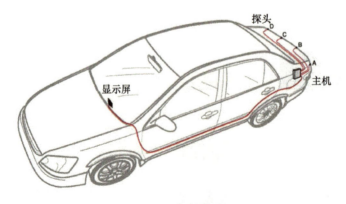

图3-1 汽车雷达

对汽车雷达的需求可以从3个层次来理解。从国家这一层次看，车辆事故带来的死伤和财产损失的统计数据，以及技术辅助手段可以预防部分事故的估计数据，促进了机动车雷达的发展，这些事故导致的经济损失与不断下滑的机动车雷达的成本之间的成本收益比，充分说明它将得到广泛的应用。从汽车制造商的角度来说，雷达是吸引消费者购买的另一大特色，它是潜在的收入来源和竞争优势，而且法规制定部门和公共部门也有可能要求更安全的汽车。从汽车所有者的角度而言，汽车雷达作为一个安全装置，方便而且不是很昂贵，这对消费者很有吸引力。它还具有更实际的重要性，即它可以承担一些需要注意力、判断力和技术性的工作，从而降低驾驶的强度，减轻驾驶人的负担。

当今正进入一个新的"雷达时代"，伴随着很多颠覆性技术和新晋厂商的发展，毫米波雷达是未来车载主力传感器之一，将和摄像头（图像传感器）、激光雷达、超声波雷达一起为高级驾驶辅助系统（Advanced Driving Assistance System，ADAS）和自动驾驶汽车"保驾护航"。

**想一想**：雷达技术在汽车上有哪些应用？
_____
_____

## 二、汽车雷达分类

驻车辅助系统按传感器不同，可分为红外线式、电磁感应式、超声波式和激光式四种。

### 1. 红外线式

红外线式是以红外线的发送接收原理制成的驻车辅助系统。它类似家里使用的电视遥控器，优点是电路结构简单、成本低、电路工作稳定，缺点是红外线易受干扰，另外对深黑色粗糙表面物体的反应不灵敏。更大的缺点是，只要红外线发射器或接收器表面被一层薄薄的冰雪或泥尘覆盖，系统就会失效。

### 2. 电磁感应式

电磁感应式是以电磁感应原理制成的驻车辅助系统。其检测稳定性和灵敏度比红外线提高许多，但也有着致命性缺点，即只能动态检测障碍物。也就是说，车辆停止时，就不能检测到任何东西，因此实用性也不强。

### 3. 超声波式

驻车辅助系统采用超声波原理后，实现了较大技术突破，它具有工艺成熟、稳定性好、灵敏度高、经济性好等优点。但是仍然有弊端，由于技术来源于声波本身的特性，声波在面对某些障碍物时会出现检测不灵敏甚至完全失效的情况，如像棉花、雪等可以吸收声波的物质或边缘面积较小的障碍物，超声波就可能检测不到。

3.1 超声波雷达

### 4. 激光式

激光式驻车辅助系统很好地弥补了之前几类技术的缺陷，该系统可以解决无法检测静态障碍物、信号易被扰乱、容易对由特殊材料制成或有特殊形状的障碍物产生误判等问题。同时，驾驶人还可以根据自己身体情况的不同来调整激光角度，使得该系统更加具有普适性，有效地减小了由于驾驶人对车型不熟、身高视力不同等原因引起误判的概率。

**头脑风暴**：各种类型的雷达有何优缺点？
_____
_____

## 三、汽车雷达的工作原理

汽车雷达是一种利用电磁波进行测距的设备,它可以通过发射电磁波并接收反射回来的信号来确定目标物体的距离、速度和方向。汽车雷达的原理基于电磁波的传播和反射,它可以在不同的天气和光照条件下工作,因此被广泛应用于汽车安全系统中。汽车雷达的工作原理可以概括为三个步骤:发射、接收和处理。首先,雷达会发射一束电磁波,这个电磁波会在空气中传播,当它遇到一个物体时,一部分电磁波会被反射回来。接着,雷达会接收这些反射回来的电磁波,并测量它们的时间和频率。最后,雷达会根据这些测量结果进行处理,计算出目标物体的距离、速度和方向。雷达的工作原理如图3-2所示。

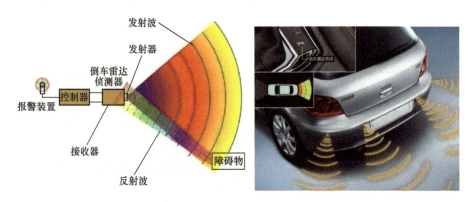

图 3-2　汽车雷达的工作原理

车速较低时,驻车辅助控制模块(PACM)会利用超声波雷达来监测前后保险杠周围的区域。如果在所监测的区域内探测到物体,模块则使用音频系统扬声器发出警告。雷达可以探测到柱子、墙等固态物以及其他车辆,但可能探测不到离地面较近的物体,不过由于它们的高度较低,因此可能不会损坏车辆。

**注意:** 洗车时,不要将高压水直接喷向雷达。不要使用研磨材料或坚硬/锋利的物品清洁雷达。只采用许可的车辆清洗剂。

倒车时,驾驶人需要检查障碍物,并估计车辆与障碍物之间的距离。

## 四、驻车辅助系统激活

如果选择了自动开启功能或驻车辅助软键,在以下情况时,驻车辅助系统将激活:选择倒车档(R);选择了行驶档(D),且车速低于16km/h;选择了行驶档(D),并已操作驻车辅助软键,仅激活前部和侧面传感器。当车速低于16km/h时,这两个传感器将保持激活状态;操作驻车辅助软键3s,并且车速低于10km/h,或选择了倒车档(R);处于自动开启功能时,当车速低于16km/h时驻车辅助装置将自动接合。

通过驻车辅助装置屏幕可选择和取消选择自动开启功能。选择打开时,当车辆处于行驶档(D位)、车辆速度低于16km/h时,系统将自动激活。

3.1　驻车辅助系统

## 五、音频报警

驻车辅助控制模块(PAM)处理来自超声波驻车辅助雷达的距离读数,以确定检测范围内是否有任何物体。如果没有障碍物，则不会发出音频报警；如果检测到物体，音响系统扬声器即会重复发出音频报警。当检测到的物体与车辆之间的距离缩短时，两次音频报警之间的延迟时间也会缩短。当该物体靠近车辆时，音频系统扬声器发出连续提示音。

如果使用组合模式，那么，这些传感器会发出一系列超声波脉冲，然后切换到接收器模式来接收由检测范围内的障碍物所反射回的回波。接收到的回波信号被放大并由传感器将信号从模拟信号转变为数字信号。数字信号被传递到驻车辅助控制模块（PAM），并与存储在PAM中的电子可擦除可编程只读存储器（EEPROM）中的预编程数据进行比较。PAM通过信号线接收来自该传感器的数据，并根据传输和接收脉冲之间的实耗时间计算到该物体的距离。此脉冲的持续时间由该模块决定，传感器则控制脉冲输出的频率。

当车辆处于倒车档（R）时，前后传感器都将处于激活状态；当车辆处于行驶档（D）时，仅前雷达处于激活状态。

如果处于接收器模式，则雷达会接收由近距离传感器发出的脉冲。PAM使用该信息来精确确定物体的位置和距离。

如果未检测到物体，则将不再发出警报音。如果检测到物体，则相应的前方扬声器或后方扬声器会发出重复音频声响。随着物体和车辆之间的距离的缩短，每次发出声音之间的延迟时间也缩短，直到距离大约为300mm后，声音变成连续音。

在最开始检测到物体之后，如果物体与中央雷达之间的距离没有减小，报警发声之间的间隔保持不变。如果只有一个边角雷达检测到物体，且该物体与该边角雷达之间的距离没有改变，音频报警会在大约3s之后停止。

当接近检测范围内的几个物体时，PAM会识别车辆与最近物体之间的距离。

PAM将为检测到的物体进行优先排序，最近的物体具有优先级，将会发出相应的音频输出。例如，如果检测到2个物体（1前1后），则会优先处理检测到的最近的物体，并会发出相应的音频声。

如果检测到的2个物体的距离相等（1前1后），则前后扬声器将会交替发出音频声。

当驻车辅助系统激活时，可使用音量控件调整驻车辅助音频声的音量输出，也可以从主页菜单调节音量。方法为在触摸屏（TS）上依次选择"设置""系统""音量预设"，使用TS上的＋或－选择可调节音量。

### 六、驻车辅助系统的工作原理

路虎发现4汽车在车辆前进或倒车操控中，如果车辆的通道中存在任何障碍物，则驻车辅助系统会向驾驶者发出声音警告。它的驻车辅助系统由以下部件组成：驻车辅助控制模块（PACM）、驻车辅助开关、前保险杠内的四个超声波雷达、后保险杠内的四个超声波雷达，如图3-3所示。

驻车辅助系统仅使用超声波雷达：前保险杠内的4个雷达（驻车辅助传感器）；还有2个雷达位于车辆前部的两侧，用于检测可用的空位；后保险杠内的4个雷达（驻车辅助雷达）；后保险杠外侧还有2个雷达。驻车辅助雷达通过硬接线连接到驻车辅助控制模块（PAM），源源不断地将扫描到的信息传输给PAM。

当车辆以低于50km/h的速度前行时，泊车辅助功能将自动扫描两侧的泊位。即使尚未选择泊车辅助功能，也会发生扫描。如果泊车辅助功能工作且经过所选一侧的一个泊位，则将提供该泊位。

在以下条件下，驻车辅助系统不可用：车速高于50km/h；全路况自适应控制系统激活（如已配备）；选择倒车档（R）；系统故障。

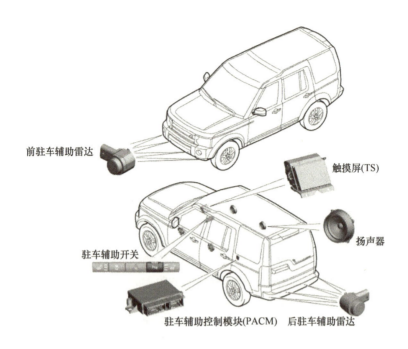

图 3-3　路虎发现 4 驻车辅助系统

在以下情况下不得使用驻车辅助功能：使用临时备胎；传感器受损或保险杠受损足以影响雷达插头；雷达被车辆上安装的物品遮挡，如保险杠盖板、自行车架、标签等；车辆被用于运输超出车辆周边的负载。

识别到泊位后，驻车辅助控制模块（PAM）将计算驻车轨迹，并将输出信息传递到以下车辆系统：通过高速（HS）控制器域网（CAN）底盘系统总线的动力转向控制模块（PSCM）。PSCM 将处理算出的轨迹，以便为驻车操控事件的第一阶段做好准备。接收到车速信号（车辆倒车）后，PSCM 将单独控制转向轨迹。由 HS CAN 底盘通过车身控制模块/网关模块（BCM/GWM）发送至触摸屏（TS）。TS 向驾驶人显示相关泊车辅助信息/说明。前、后驻车辅助传感器信息从 PAM 传送到触摸屏（TS），通过音频系统扬声器发出音频报警声。在任何泊车辅助操控中，驻车辅助会保持激活状态，并且在检测到车辆周围有物体时发出声响。任何时间都可通过握住/转动转向盘或按压泊车辅助软键来取消驻车操控。车载诊断系统诊断模块如图 3-4 所示。

如果车载诊断（OBD）系统识别出故障，以下警告将适用：仪表盘（IC）将显示错误信息；驻车辅助控制模块（PAM）中将记录一个故障码（DTC）。

如果车载诊断（OBD）系统识别出故障，将适用以下警告：仪表盘（IC）显示错误信息；前音频系统扬声器发出 3s 的持续声音；驻车辅助控制模块（PAM）中记录一个故障码（DTC）；PAM 通过 FlexRay 实现诊断连接，以使用捷豹路虎（JLR）认可的诊断设备来检索故障。此外，PAM 中的 OBD 例行程序会持续监测系统并提醒驾驶人系统故障。当点火开关打开（电源模式 6）时，通过前音频扬声器发出 3s 的持续提示音警报。当选择了倒车档（R）或按下驻车辅助系统软键时，控制软键发光二极管（LED）也会闪烁 6 次。

项目 3 汽车驻车辅助系统 61

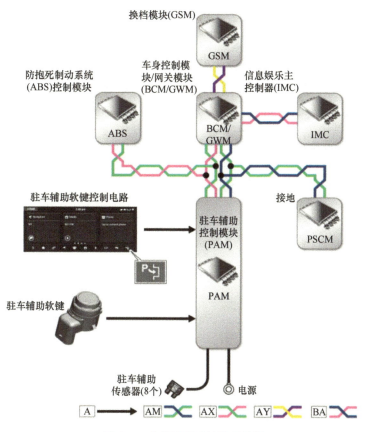

图 3-4　车载诊断系统诊断模块

任务实施

| 驻车雷达不工作检测 | 学习工作页 | 班级： |
|---|---|---|
| | | 姓名： |
| 1.驻车辅助提供了 4 个特性，分别是什么？<br><br>_____<br>_____<br>_____<br>_____ | | |

2. 写出图中所指零部件的含义。

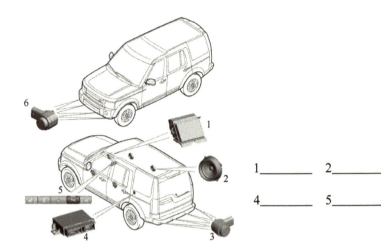

1_____ 2_____ 3_____
4_____ 5_____ 6_____

3. 驻车辅助系统将在哪几种模式下被激活？
_____
_____

4. 什么情况下驻车辅助系统不可用？
_____
_____

5. 请你分析传感器的控制过程，并补全控制原理图。

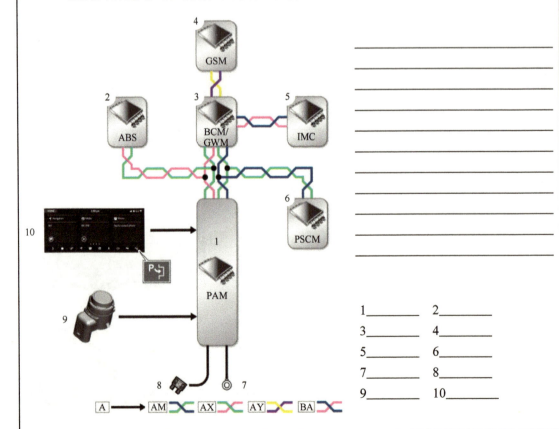

_____
_____
_____
_____
_____
_____
_____
_____

1_____ 2_____
3_____ 4_____
5_____ 6_____
7_____ 8_____
9_____ 10_____

**6. 根据下面电路图设计传感器检测方案。**

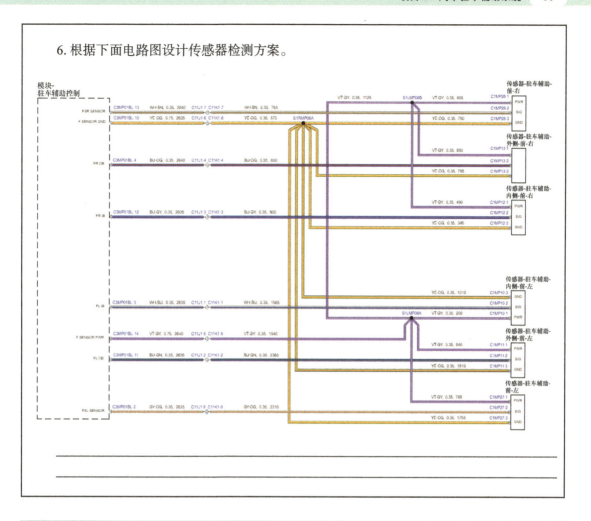

---

## 任务 3.2　驻车影像不能使用检测

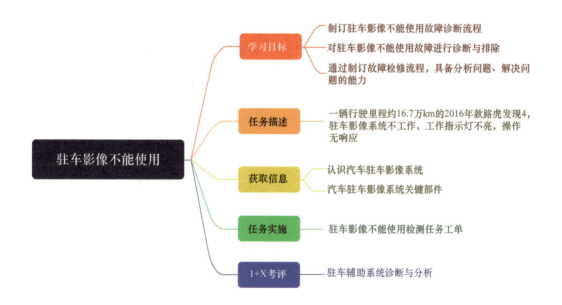

**学习目标**

**知识目标：**
1）说出汽车驻车影像系统的工作原理。
2）制订汽车驻车影像系统的故障检修流程。

**技能目标：**
1）查阅电路图册，拆画汽车驻车影像系统电路图。
2）能依据维修手册，对汽车驻车影像系统进行故障诊断与排除。

**素养目标：**
1）在操作过程中树立安全意识。
2）通过制订故障检修流程，具备分析问题、解决问题的能力。
3）能在工作结束后按照7S管理规定整理、恢复作业场地，养成良好的工作习惯。
4）以案例引导学生讨论，培养学生的道路安全意识。

 **任务描述**

一辆行驶里程约16.7万km的2016年款路虎发现4，驻车影像系统不工作，工作指示灯不亮，操作无响应。通过维修技师检测发现该车顶车接缝处漏水，腐蚀了模块，使得驻车影像系统模块功能失效，更换模块后故障排除。请根据该故障现象制订一份汽车驻车影像系统故障检修方案，完成汽车驻车影像系统故障诊断与排除。

 **获取信息**

### 一、认识汽车驻车影像系统

驻车影像系统是车辆停车或者是倒车时的一项辅助系统，主要是通过影像的方式来呈现车辆附近障碍物的情况，从而提高机动车辆倒车时候的安全性。它以鸟瞰图的形式出现，和倒车影像以及360°全景影像有着非常相似的地方。驻车影像系统是根据车载后视摄像头可以实时对后方进行图像观察，当车辆需要使用此功能时，可以打开控制开关功能，影像会直接呈现在车辆的中控屏内，可以通过中控屏观看到车辆周围的信息，如图3-5所示。

3.2 驻车影像系统

图3-5 汽车驻车影像系统

汽车驻车影像系统包括低端摄像头系统和高端摄像头系统。低端摄像头系统使用一个后摄像头，其安装在后挡板上，靠近外部把手，如图3-6所示。低端摄像头系统由蓄电池、发动机接线盒、中央接线盒、后视摄像头和触摸屏组成，后视摄像头在倒车时向驾驶人提供额外信息，选择倒车档后，系统将会在触摸屏上，自动显示车后区域的广角彩色图像。

当点火打开或发动机正在运转时，后视摄像头（RVC）将始终接收电源，如图3-7所示。如果选择倒车档（R），后视摄像头将从TCM通过HS（高速）CAN总线接收倒车档选择信号。该摄像头然后向触摸屏（TS）发送中速（MS）CAN信息，以便显示图像。如果取消选择倒车

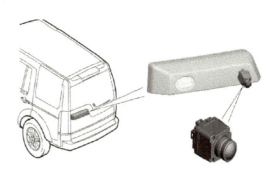

图3-6　低端摄像头系统位置

档（R），则在变速器变为行驶档（D）、驻车档（P）、空档（N）或运动档（S）后，摄像头图像将在触摸屏上保持5s。这样可以防止在将车辆驶入停车场时触摸屏在屏幕之间进行切换。如果车辆的前向行驶速度在5s内超过16km/h，将从TS中删除摄像头图像。如果已关闭触摸屏，当选择倒车档时将自动显示摄像头图像。当取消选择倒车档且经过5s后，TS将返回关闭状态。

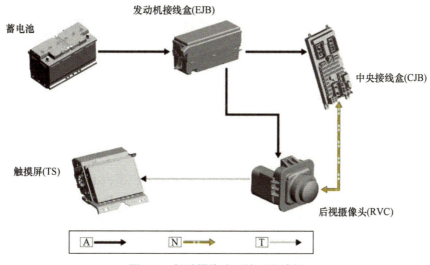

图3-7　低端摄像头系统工作过程

A—硬接线　N—中速CAN总线　T—同轴

高端摄像头系统在驾驶者操纵低速车辆时，为驾驶人提供视域辅助，系统使用摄像头控制模块捕捉摄像头数据，并在显示屏上显示结果图像，向驾驶人提供车辆周围360°全方位视域。高端摄像头系统还有各种驾驶辅助功能支持，这些功能的图形信息和报警信息叠加到显示屏上以图像形式显示。高端摄像头系统使用的是5个视频图形列阵高分辨率的摄像头。

摄像头控制模块（CCM）收集并分析摄像头图像，通过调节视角和进行校正来改变这些图像，如图3-8所示。处理后所得到的图像通过模拟视频线转发到触摸屏（TS）。摄像头控制模块（CCM）还向摄像头图像叠加处理和报警信息，创建近距离摄像头系统，支持各种驾驶辅助功能，如在倒车时能看到方向。摄像头控制模块（CCM）通过LIN总线连接与各个摄像头进行通信，通过这一数据链，发送诊断信息，如向控制模块发送摄像头序列号和故障提示。摄像头上的电气插头可提供电源、接地、中速（MS）CAN总线和屏蔽的同轴电缆连接。同轴电缆连接用于摄像头和触摸屏之间的视频图像传输。摄像头在倒车时向驾驶人提供额外信息。选择倒车

档后，摄像头将会在触摸屏上自动显示车后区域的广角彩色图像。叠加图像则在触摸屏上通过中速（MS）CAN 总线接收到的信号组合加以显示。摄像头的准确定位对能否成功操作至关重要，因此，安装摄像头时必须小心，确保其正确定位在支架中。更换摄像头时，必须执行校准例行程序。

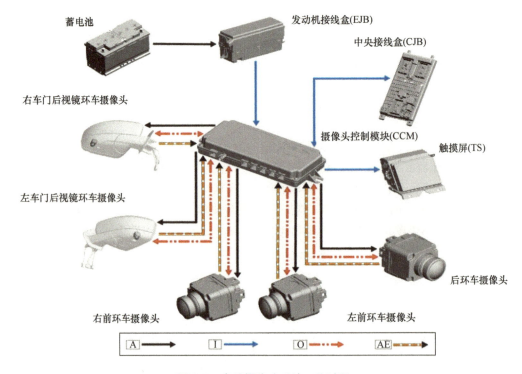

图 3-8 高端摄像头系统工作过程

A—硬接线 I—CVBS（复合视频基带信号） O—LIN 总线 AE—LDVS（低压差分信号）

环车摄像头系统配备 5 个摄像头，其位置为：行李舱外把手内 1 个，前保险杠上 2 个，每个车门后视镜上各 1 个。环车摄像头使用视频图形阵列（VGA）分辨率的摄像头，每当点火装置"开启"时就一直处于上电状态。每个摄像头大约覆盖 130°宽、112°深的区域，每秒大约可捕捉 30 帧图像。摄像头采用高质量数字高动态范围（HDR）成像法，这种成像法利用多种技术使得成像场面明、暗区域之间亮度范围更大，如图 3-9 所示，因而使得 HDR 能更精确地再现成像现场的亮度变化，能捕捉阳光直射的图像和最暗的阴影。

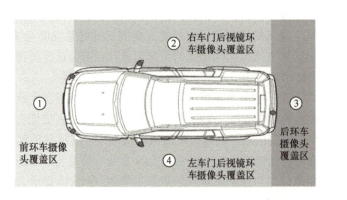 

图 3-9 HDR 成像范围

**想一想**：汽车雷达技术与驻车影像技术对比，各有什么优势？

## 二、汽车驻车影像系统关键部件

### 1. 摄像头控制模块（CCM）

摄像头控制模块（CCM）位于乘客侧前排座椅下面，有 5 个摄影机输入端口、1 个至触摸屏（TS）的视频信号输出端口，1 个电源和接地端口，如图 3-10 所示。摄像头控制模块（CCM）收集并分析摄像头图像，并通过调节视角和进行校正来改变这些图像。

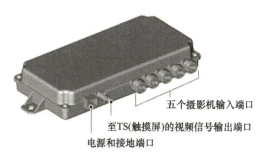

图 3-10　摄像头控制模块

### 2. 后视摄像头（RVC）

后视摄像头（RVC）是倒车影像系统的重要部件之一，位于行李舱把手内，如图 3-11 所示。

3.2　后视摄像头

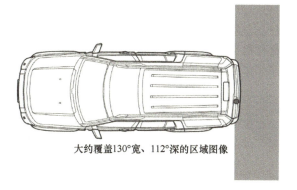

图 3-11　后视摄像头

**头脑风暴**：低端摄像头系统和高端摄像头系统各有什么特点？

后视摄像头出现故障后，可以目测检查相关部件是否存在明显的机械或电气损坏迹象，如果故障原因不明显，请查看故障码（DTC）并参考 DTC 索引。在故障诊断中，可以根据故障码的提示并结合维修经验，分析造成故障的可能原因，主要有：网关模块故障，摄像头控制模块与后摄像头之间电路故障,具体故障部位见表 3-1。

表 3-1 故障部位

| 机械 | 电气 |
| --- | --- |
| 触摸屏 | 熔丝 |
| 音频主机 | 接线线束和插头 |
| 近距离摄像头控制模块 | 触摸屏 |
| 倒车后视摄像头 | 音频主机 |
|  | 近距离摄像头控制模块 |
|  | 倒车后视摄像头 |

## 任务实施

| 驻车影像不能使用检测 | 学习工作页 | 班级: |
| --- | --- | --- |
|  |  | 姓名: |

1. 参考图示请解释什么是 360°驻车辅助系统,包含哪些部件。

_____
_____
_____

2. 写出图中所指零部件的含义。

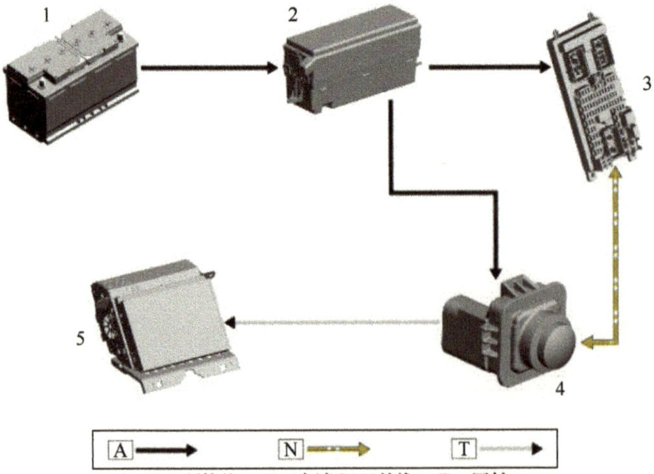

A—硬接线　　N—中速CAN总线　　T—同轴

1_____ 2_____ 3_____ 4_____ 5_____

3. 根据图示说明全景摄像头的位置和数量。
_____
_____
_____
_____
_____

4. 结合图示分析全景摄像头系统的控制原理。

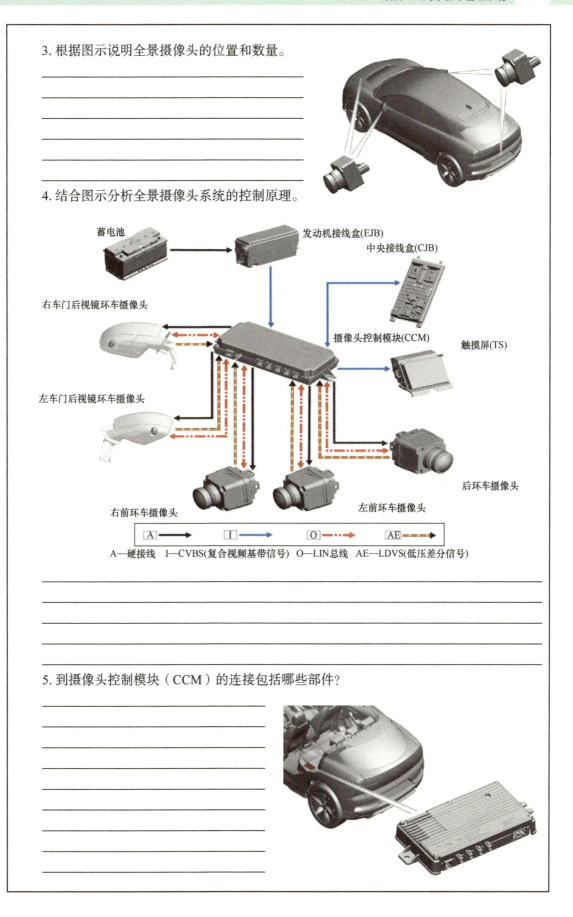

_____
_____
_____
_____

5. 到摄像头控制模块（CCM）的连接包括哪些部件？
_____
_____
_____
_____
_____
_____
_____

# 项目 4 汽车导航系统

## 情境描述

自从有了公路，就有了为人们指路的地图。然而，作为人们指路向导的地图，又常常成为造成人们关系紧张的根源。因为印制的地图常常不能够跟得上街道的变化，又难以辨认，就会造成开车的人责备旁边坐车的人不会看图，不能提供准确的指令。所以，能够利用高空上的卫星信号为汽车准确而又及时导航定位的卫星导航系统至关重要。近年来，汽车导航系统的发展非常迅速。目前，人们不但可以在购买新车时选择导航系统作为车辆配置，还可以在已有的汽车上安装该设备，甚至可以配置一台移动式的卫星导航系统。为汽车驾车人指路的卫星导航系统，受4个重要因素影响：卫星信号、信号接收、信号处理和地图数据库。车载导航具有的自动语音导航、最佳路径搜索等功能让车主一路捷径、畅行无阻，集成的办公、娱乐功能让车主轻松行驶、高效出行。一般的车载导航的功能都有DVD播放器、收音接收、蓝牙免提、触摸屏、选配功能、智能轨迹倒车、胎压检测功能、虚拟六碟，后台控制功能等。

## 任务 4.1 导航仪搜索功能检测

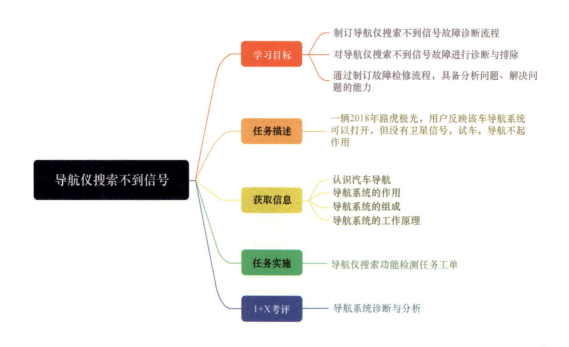

项目 4 汽车导航系统

## 学习目标

**知识目标:**
1) 说出汽车导航的工作原理。
2) 制订汽车导航无信号的故障检修流程。

**技能目标:**
1) 查阅电路图册, 拆画汽车导航电路图。
2) 能依据维修手册, 对汽车导航进行故障诊断与排除。

**素养目标:**
1) 在操作过程中树立安全意识。
2) 通过制订故障检修流程, 具备分析问题、解决问题的能力。
3) 能在工作结束后按照 7S 管理规定整理、恢复作业场地, 养成良好的工作习惯。
4) 以案例引导学生讨论, 培养学生的道路安全意识。

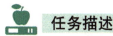
## 任务描述

一辆 2018 年路虎极光, 用户反映该车导航系统可以打开, 但没有卫星信号, 试车, 导航不起作用。通过技师检测发现导航天线插头松脱, 紧固插接插头, 试车故障排除。请根据该故障现象制订一份汽车导航故障检修方案, 完成汽车导航故障诊断与排除。

## 获取信息

### 一、认识汽车导航

全球导航卫星系统 (Global Navigation Satellite System, GNSS) 是能在地球表面或近地空间的任何地点为用户提供全天候的三维坐标、速度以及时间信息的空基无线电导航定位系统, 包括一个或多个卫星星座及其支持特定工作所需的增强系统。

4.1 汽车导航系统

全球卫星导航系统国际委员会公布的全球 4 大卫星导航系统供应商, 包括美国的全球定位系统 (Global Positioning System, GPS)、俄罗斯的格洛纳斯卫星导航系统 (GLONASS)、欧盟的伽利略卫星导航系统 (GALILEO) 和中国的北斗卫星导航系统 (BeiDou Navigation Satellite System, BDS), 如图 4-1 所示。其中, GPS 是世界上第一个建立并用于导航定位的全球系统, GLONASS 经历快速复苏后已成为全球第二大卫星导航系统, 二者正处于现代化的更新进程中; GALILEO 是第一个完全民用的卫星导航系统, 正在试验阶段; BDS 是中国自主建设运行的全球卫星导航系统, 为全球用户提供全天候、全天时、高精度的定位、导航和授时服务。

GPS 是一种以人造地球卫星为基础的高精度无线电导航定位系统, 它在全球任何地方以及近地空间都能够提供准确的地理位置、车行速度及精确的时间信息。GPS 从 20 世纪 70 年代起开始研制, 于 1994 年建成。建成以来, 就以其高精度、全天候、全球覆盖、方便灵活吸引了众多用户。GPS 对于物流业的快速发展起着举足轻重的作用, 物流业也因此成为继汽车市场后面向 GPS 的第二大主要消费群体。日常的快递跟踪、个人出行, 都需要 GPS 的定位服务。GPS 的主要组成部分包括: 空间部分、地面监控部分和用户设备部分。

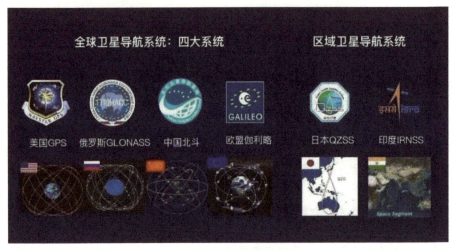

图 4-1　全球卫星导航系统

GLONASS 最早开发于苏联时期，后由俄罗斯继续该计划。俄罗斯于 1993 年开始独自建立本国的全球卫星导航系统。该系统于 2007 年开始运营，当时只开放俄罗斯境内卫星定位及导航服务。到 2009 年，其服务范围已经拓展到全球。该系统主要服务内容包括确定陆地、海上及空中目标的坐标及运动速度信息等。

GALILEO 是由欧盟研制和建立的全球卫星导航定位系统，该计划于 1999 年 2 月由欧洲委员会公布，欧洲委员会和欧洲航天局共同负责。GALILEO 由轨道高度为 23616km 的 30 颗卫星组成，但当前伽利略系统仍不成熟，需要很多卫星做进一步的铺设。

BDS 是中国自行研制的全球卫星导航系统，2020 年 6 月 23 日，系统的第 55 颗卫星发射升空，全球组网完成。至此，联合国五个常任理事国都有了自己的导航系统，BDS 也是继 GPS、GLONASS 之后的第三个成熟的卫星导航系统。北斗卫星导航系统由空间段、地面段和用户段三部分组成，空间段由若干地球静止轨道卫星、倾斜地球同步轨道卫星和中圆地球轨道卫星组成。BDS 可在全球范围内全天候、全天时为各类用户提供高精度、高可靠定位、导航、授时服务，并且具备短报文通信能力。2020 年初，BDS 火线驰援武汉市火神山和雷神山医院建设，通过利用北斗高精度技术，多数测量工作一次性完成，为医院建设节省了大量时间。

**想一想**：导航技术都有哪些应用？

## 二、导航系统的作用

导航系统提供音频和视频路线指引信息，让驾驶人可以到达需要的目的地。该系统允许驾驶人使用大路、小路或高速公路以及取决于市场规格（如推荐的、最短的、最快的和最经济的）的不同路线选项来选择路线。

汽车导航系统集成在音响系统中，共享与所有系统共用的许多部件。导航系统具有各种用户控制级别，可以通过触摸屏（TS）和语音系统来操作。系统音量调节也可通过使用触摸屏和转向盘开关组来实现，如图 4-2 所示。

路虎导航系统可以满足不同市场的需求。在系统中，GNSS 信号均由位于车顶罩中的 GPS 天线接收。奇瑞捷豹路虎极光车顶上能明显地看到 2 个接收天线，如图 4-3 所示。

图 4-2　汽车导航系统

图 4-3　奇瑞捷豹路虎极光车顶上的接收天线

双屏显示功能可以使乘客和驾驶人能够在各自的座位上观看完全不同的画面。在车辆行驶时，驾驶人不可能观看移动图像，但乘客与驾驶人不一样，他们可以观看 DVD 和电视节目。安装双屏显示功能触摸屏的车辆配备一个位于头顶控制台中的耳机发射器和无线耳机。乘客便可在不干扰驾驶人的情况下，观看和收听音乐、DVD 和电视节目。在配有抬头显示（Head-Up Display，HUD）的车辆上，路线规划导航图像在风窗玻璃上向驾驶人显示，如图 4-4 所示。

图 4-4　抬头显示（HUD）系统

### 三、导航系统的组成

导航系统由音频主机、抬头显示控制模块、仪表盘、触摸屏、接地线、电源线、天线盒（配备天窗顶篷的车辆）、全球定位系统信号分离器、车顶天线盒（配备固定式顶篷的车辆）、数字广播天线放大器、便携式音频接口面板、麦克风等部件构成；依靠硬接线、同轴电缆、通用串行总线（Universal Serial Bus，USB）、汽车像素链路、高速控制器局域网舒适系统总线连接，如图 4-5 所示。

信息娱乐主控制器通过高速控制器局域网舒适系统总线连接到其他车辆系统，通过汽车像素链路连接到触摸屏。驾驶人可以使用触摸屏控制导航系统功能。触摸屏通过汽车像素链路连接向信息娱乐主控制器发出控制请求信号，请求的控制信息在此处进行处理。如果车辆配有抬头显示，信息娱乐主控制器通过舒适系统总线连接到抬头显示控制模块，并在风窗玻璃上显示路线规划导航数据。

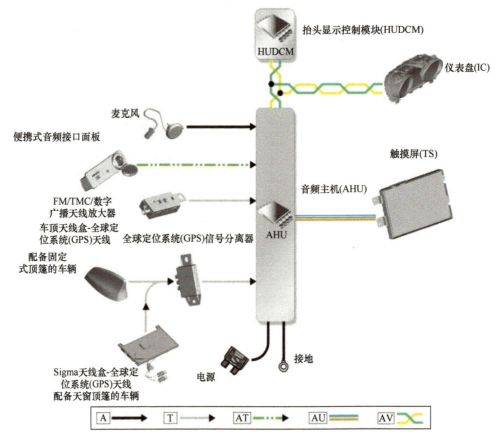

图 4-5 导航系统
A—硬接线　T—同轴电缆

在配备远程通信系统的车辆上，导航信号和移动通信信号通过同轴电缆传输至 GPS 信号分离器，再传给信息娱乐主控制器，供导航系统使用，并且传输至远程通信控制模块，供远程通信系统使用。

导航天线位于顶罩中。根据车辆规格的不同，顶罩可包含数字广播、全球移动通信系统或卫星数字音频广播服务天线。车顶天线盒安装在天窗板外部，并使用两个法兰螺母将它连接到天窗板上，这两个螺母拧在车顶天线盒的固定螺柱中，如图 4-6 所示。

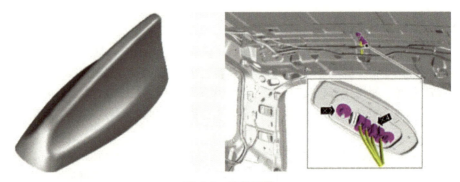

图 4-6 导航天线

信息娱乐主控制器（IMC）位于右前座椅的下方，通过两个支架连接至车辆地板面板。两侧的支架通过 4 个螺母固定到车辆地板面板。触摸屏位于仪表盘的中央，通过单一的车用影像链接与信息娱乐主控制器连接。车用影像链接为触摸屏连接提供了电源和接地连接以及数据输入和输出。有两种触摸屏可供系统使用：即单屏显示和双屏显示，如图4-7所示。

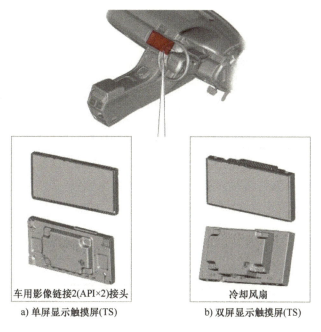

a) 单屏显示触摸屏(TS)　　b) 双屏显示触摸屏(TS)

图 4-7　单屏显示和双屏显示

## 四、导航系统的工作原理

汽车导航系统内置的 GPS 天线会接收到来自环绕地球的 GPS 卫星中的至少 3 颗所传递的数据信息，由此测定汽车当前所处的位置，如图 4-8 所示。

4.1　导航系统工作原理

图 4-8　汽车导航系统

GPS 由三部分组成：空间部分——GPS 星座（GPS 星座是由 24 颗卫星组成的星座，其中 21 颗是工作卫星，3 颗是备份卫星）；地面控制部分——地面监控系统；用户设备部分——GPS 信号接收机。

### 1. 空间部分

GPS 的空间部分由 24 颗工作卫星组成，如图 4-9 所示。它位于距地表 20200km 的上空，均匀分布在 6 个轨道面上（每个轨道面 4 颗），轨道倾角为 55°。此外，还有 4 颗有源备份卫星在轨运行。卫星的分布使得在全球任何地方、任何时间都可观测到 4 颗以上的卫星，并能保持良好定位解算精度的几何图像。这就提供了在时间上连续的全球导航能力。GPS 卫星产生两组电码，一组称为 C/A 码，一组称为 P 码，P 码因频率较高，不易受干扰，定位精度高，因此受美国军方管制，并设有密码，一般民间无法解读，主要为美国军方服务。C/A 码人为采取措施而刻意降低精度后，主要开放给民间使用。

图 4-9 GPS 的空间部分

### 2. 地面控制部分

地面控制部分由一个主控站，5 个全球监测站和 3 个地面控制站组成，如图 4-10 所示。监测站通过接收机将取得的卫星观测数据，包括电离层和气象数据，经过初步处理后传送到主控站。主控站从各监测站收集跟踪数据，计算出卫星的轨道和时钟参数，然后将结果送到 3 个地面控制站。地面控制站在每颗卫星运行至上空时，把这些导航数据及主控站指令注入卫星。这种注入对每颗 GPS 卫星每天一次，并在卫星离开注入站作用范围之前进行最后的注入。如果某地面站发生故障，那么在卫星中预存的导航信息还可用一段时间，但导航精度会逐渐降低。

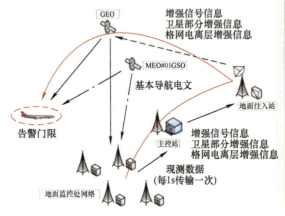

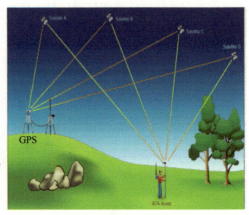

图 4-10 地面控制部分

### 3. 用户设备部分

用户设备部分即 GPS 信号接收机，其主要功能是能够捕获到按一定卫星截止角所选择的待测卫星，并跟踪这些卫星的运行状态，如图 4-11 所示。当接收机捕获到跟踪的卫星信号后，即可测量出接收天线至卫星的伪距离和距离的变化率，解调出卫星轨道参数等数据。根据这些数据，接收机中的微处理计算机就可按定位解算方法进行定位计算，计算出用户所在地理位置的经纬度、高度、速度、时间等信息。

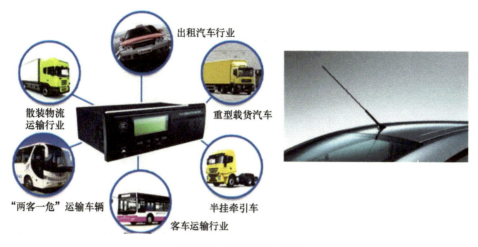

图 4-11 用户设备部分

接收机硬件和机内软件以及 GPS 数据的后处理软件包构成完整的 GPS 用户设备。GPS 接收机的结构分为天线单元和接收单元两部分。接收机一般采用机内和机外两种直流电源。设置机内电源的目的在于更换外电源时不中断连续观测。在用机外电源时，机内电池自动充电。关机后，机内电池为随机存取存储器（Random Access Memory，RAM）供电，以防止数据丢失。

GPS 中非常重要的设备是时间校准装置，确切的时间对 GPS 的准确性至关重要。虽然电磁波的信号传输速度几乎是光速，但还是存在 20~30ns 的误差，而长期的积累会使误差越来越大，所以每个卫星都装置一个最准的计时装置"原子钟"。除了电磁波传播速度可能会造成时间误差，卫星的高速运动也会造成误差。

根据狭义相对论的原理"运动越快的物体时间过得越慢"，卫星以 14000km/h 的速度运动，就会造成卫星上的时间比地球表面的时间慢，这个数值是每天慢 7μs。注意，这里是卫星的时间比较慢。此外，根据广义相对论，地球的引力会造成时间膨胀，也就是说越靠近地球表面的时间越慢。这些卫星正在地球表面之上 2 万 km 的轨道中运行。通过计算 2 万 km 的高空时间膨胀大约 45μs。注意，这里是卫星的时间快。综合速度和引力的作用，最终地表和卫星的时间差是 45.7μs，也就是卫星时间比地表时间每天快 38μs。所以，卫星上的原子钟会每天调慢 38μs，如果不这样做，GPS 的定位准确度每天都会偏移 10km。最终通过技术改造和提升，GPS 的民用准确度可以锁定 5m 的范围内，军用的准确度会更高。

 **任务实施**

| 导航仪搜索功能检测 | 学习工作页 | 班级： |
|---|---|---|
|  |  | 姓名： |
| 1.汽车导航能承担哪些工作任务？ _____ _____ _____ _____ | | |

2. 写出图中所指零部件的含义。

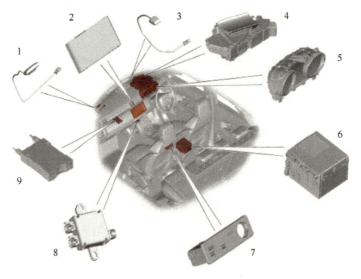

1_____  2_____  3_____  4_____  5_____  6_____  7_____

8_____  9_____

3. 根据图示解释 GPS 确定自身位置的工作原理。

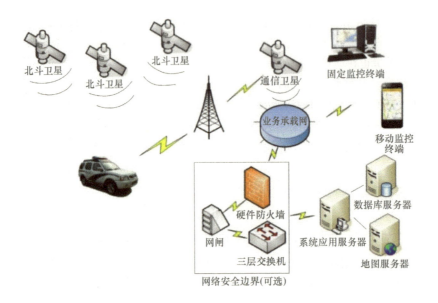

4. 汽车导航系统确定一个位置至少需要多少个卫星信号？
___

5. 在 GPS 接收中断或者受到干扰期间要行驶很长距离后功能才会失灵并且发出故障信息。请解释哪些情况下 GPS 无法接收信号或者存在干扰。
___
___
___
___
___
___
___

6. 要提高位置确定的准确性，在车辆行驶时可通过速度里程信号以及来自陀螺仪（旋转率传感器）的信号进行补充。

1）解释陀螺仪（旋转率传感器）的作用。
___
___
___
___
___
___
___
___

2）陀螺仪（旋转率传感器）安装在车上什么位置？
___
___

3）速度里程信号对于导航系统计算机的作用就像 ABS/ESP 截取转速信号一样。

说明：速度里程信号不能直接从转速传感器上截取，因为这种情况会给 ABS/ESP 造成不利影响。由于这个原因，速度信号只能在 ABS/ESP 控制计算机的输出端上截取。在许多汽车上还将速度信号传输给无线电收音机。为什么无线电收音机需要速度信号？
___
___
___
___
___
___
___

## 任务 4.2　导航系统更新升级

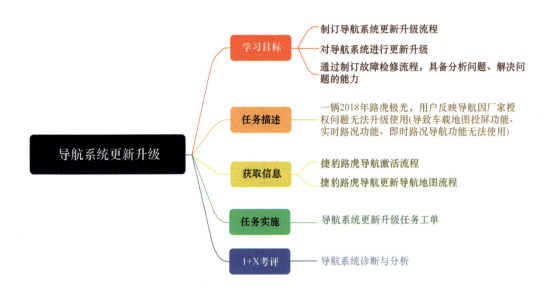

 **学习目标**

**知识目标：**
1）说出导航定位系统的工作过程。
2）了解高精地图。
3）制定导航系统更新升级流程。

**技能目标：**
1）查阅维修手册，更新升级导航系统。
2）能依据维修手册，对汽车导航系统更新升级。

**素养目标：**
1）在操作过程中树立安全意识。
2）通过制订故障检修流程，具备分析问题、解决问题的能力。
3）能在工作结束后按照7S管理规定整理、恢复作业场地，养成良好的工作习惯。
4）以案例引导学生讨论，培养学生的道路安全意识。

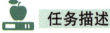 **任务描述**

一辆2018年路虎极光，用户反映导航因厂家授权问题无法升级使用（导致车载地图投屏功能、实时路况功能、即时路况导航功能无法使用）。维修技师按照规范进行系统升级更新，车辆故障排除。请根据该故障现象制订一份汽车导航故障检修方案，完成汽车导航更新升级。

4.2　导航系统更新升级

## 获取信息

### 一、捷豹路虎导航激活流程

导航激活及地图数据安装在交货前检验（Pre-Delivery Inspection，PDI）阶段完成。

**1. 在线激活（主要激活方式）**

1）设置 -> 连接 -> 移动数据打开，主屏显示"4G"，如图 4-12 所示。

图 4-12　激活导航

2）在主页单击导航图标"->"，单击"开始"图标，如图 4-13 所示。

图 4-13　连接网络

提示"恭喜您"，表示导航系统激活成功，如图 4-14 所示。

图 4-14　激活成功

**2. USB 激活（备用激活方式）**

1）确保激活文件存放在 USB 根目录，将 USB 插入车辆 USB 端口，如图 4-15 所示。
2）单击导航图标"->"，单击"开始"图标，如图 4-16 所示。
3）提示"恭喜您"，表示导航系统激活成功，如图 4-17 所示。

图 4-15　USB 激活

图 4-16　激活导航

图 4-17　激活成功

## 二、捷豹路虎导航更新导航地图流程

登录以下网址：https://auto.amap.com/download/map_data/oem/land_rover/newdefender 进行导航地图数据的下载（下载文件为压缩包，需要解压完复制至 USB 根目录中），如图 4-18 所示。

图 4-18　导航地图数据包

将地图数据复制至 64GB 的 USB 根目录中（USB 需格式化，根目录中有且仅有 6 个地图数据），如图 4-19 所示。

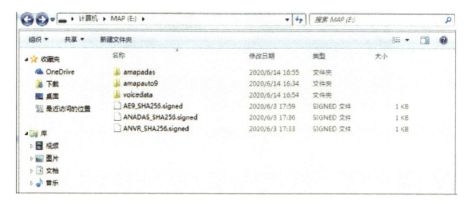

图 4-19　导航地图数据文件

将 USB 插入车辆 USB 端口，如图 4-20 所示。

图 4-20　USB 插入位置

1）出现系统弹窗，单击"确定"，如图 4-21 所示。

图 4-21　更新程序

2）升级过程请勿移除 USB，如图 4-22 所示。

图 4-22　更新进程

3）升级成功（预计 40～50min），如图 4-23 所示。

图 4-23　更新完成

 **任务实施**

| 导航系统更新升级 | 学习工作页 | 班级： |
| --- | --- | --- |
|  |  | 姓名： |

1. 汽车导航系统软件更新的方式有哪些？
_____
_____
_____

2. 说出汽车导航激活的方式。
方式一：_____
方式二：_____

3. 写出图中所指零部件的含义。

1_____　2_____　3_____　4_____　5_____　6_____　7_____

4. 导航系统通过 GNSS 天线接收 GNSS 信息，使用 GNSS 信号计算车辆位置。当驾驶人输入所需的目的地后，导航系统可计算路线。路线计算依据驾驶人预定的偏好或车载导航系统中的默认设置执行。请你根据控制过程补全控制原理图。

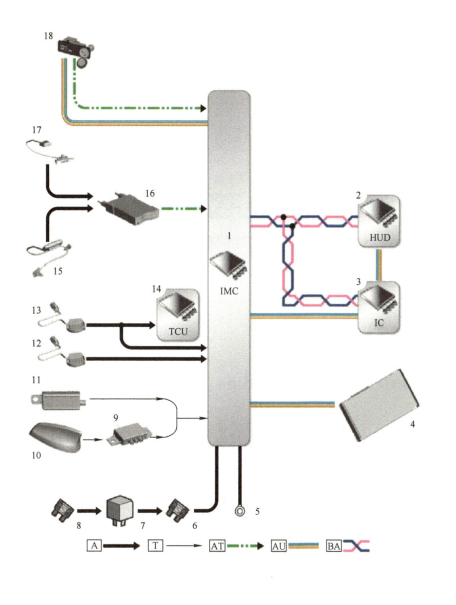

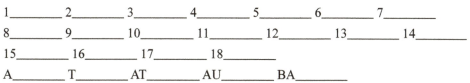

1_____ 2_____ 3_____ 4_____ 5_____ 6_____ 7_____
8_____ 9_____ 10_____ 11_____ 12_____ 13_____ 14_____
15_____ 16_____ 17_____ 18_____
A_____ T_____ AT_____ AU_____ BA_____

## 任务 4.3　新能源汽车导航停止运行检测

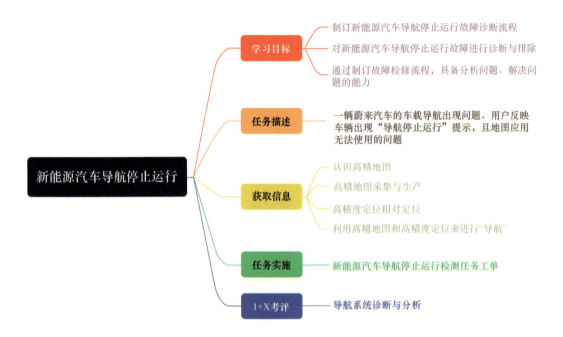

 **学习目标**

**知识目标：**
1) 说出高精地图的定位原理。
2) 制订新能源汽车导航系统故障检修流程。

**技能目标：**
1) 查阅资料，分析高精地图采集与生产过程。
2) 能依据维修手册，对汽车导航进行故障诊断与排除。

**素养目标：**
1) 在操作过程中树立安全意识。
2) 通过制定故障检修流程，具备分析问题、解决问题的能力。
3) 能在工作结束后按照 7S 管理规定整理、恢复作业场地，养成良好的工作习惯。
4) 以案例引导学生讨论，培养学生的道路安全意识。

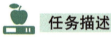

一辆蔚来汽车的车载导航出现问题。用户反映车辆出现"导航停止运行"提示，且地图应用无法使用的问题。维修技师检测发现与百度云端近期更新有关，重新更新后故障排除。请根据该故障现象制订一份汽车导航故障检修方案，完成汽车导航故障诊断与排除。

## 获取信息

### 一、认识高精地图

对于自动驾驶系统，导航系统需要提供更高精度的路径，引导车辆到达目的地，并需要将环境中尽可能丰富的信息提供给自动驾驶系统。作为存储静态、准静态交通信息的数据库，为了满足自动驾驶系统的导航、路径规划要求，高精地图需要提供更精细、精确的交通信息。在自动驾驶中，高精地图不仅可以用于导航、路径规划，还可以为环境感知和理解提供先验知识，辅助车载传感器实现高精度定位。高精地图被普遍认为是 L3 级别及以上自动驾驶不可缺少的关键技术。

与传统地图相比，高精地图信息的丰富性和准确性都有显著的提升。高精地图包含的信息有以下内容和特点：

1）为了实现车道级导航、路径规划功能，需要在原始地图数据中抽象道路结构，形成由顶点组成的拓扑图形结构，同时为了优化数据的存储，需要将道路用连续的曲线段来表示。

2）除道路参考线外，高精地图还应描述道路的连通性，如路口中没有车道线的部分，需要将所有可能的行驶路径抽象成道路参考线，在高精地图数据库中体现。

3）除了记录道路参考线、车道边缘（标线）和停车线外，高精地图数据库还需要记录无车道道路的拓扑结构，且除车道的几何特性外，道路模型还包括车道数、道路坡度、功能属性等。

4）对象模型记录道路和车道行驶空间范围边界区域的元素，模型属性包括对象的位置、形状和属性值。这些地图元素包括路牙、护栏、互通式立交、隧道、龙门架、交通标志可变信息标志、轮廓标志、收费站、电线杆、交通灯、墙壁、箭头、文字、符号、警告区、分流区等，如图 4-24 所示。

图 4-24　高精地图包含的路面信息

**想一想**：高精地图的作用有哪些？
_____
_____

## 二、高精地图采集与生产

高精地图与传统地图相比，具有不同的采集原理和数据存储结构。传统地图依赖于拓扑结构和传统的数据库，将各种元素作为对象堆放在地图上，将道路存储为路径。高精地图中，为了提高存储效率和机器可读性，将地图在存储时分为矢量层和对象层。在高精地图生产过程中，通过提取车辆上传感器采集的原始数据，获取高精地图特征值，构成特征地图；在此基础上，进一步提取、处理和标注矢量图形，包括道路网络信息、道路属性信息、道路几何信息和道路上主要标志的抽象信息，如图 4-25 所示。

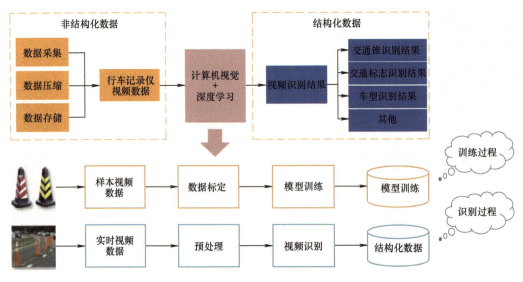

图 4-25　信息采集过程

### 1. 实地采集

实地采集是制作高精地图的第一步，主要通过采集车的现场采集来完成。采集的核心设备是激光雷达、高精度差分 - 惯导卫星定位系统，通过激光反射形成点云，完成对环境中各种物体的采集，并通过高精度定位系统记录行驶轨迹和环境中物体的高精度位置信息。

### 2. 加工

加工的过程包括人工处理、深度学习的感知算法（图像识别）等。采集的设备越精密，采集的数据越完整，越可以降低算法所需的不确定性。收集到的数据越不完整，就需要更多的算法来补偿数据缺陷，也可能会产生更大的误差。

### 3. 后续更新

因为道路的整改工作会经常发生，包括突发性路况。后续地图更新也可以采取众包方式或与政府实时交通处理部门合作来解决。信息更新流程如图 4-26 所示。

传统导航地图是利用装载了摄像头、GNSS 等多种传感器的汽车进行道路数据采集，随后经由内业人员绘制、编码、纠偏等复杂工序制作而成。高精地图成图过程与之类似，但由于地图精度要求极高，采集车主要利用激光雷达来进行点云采集，然后利用当前领先的深度学习进行语义分割，提取点云中的地面标线、交通设施等高精地图要素进行矢量化处理而成图。

相比于其他传感器，激光雷达具有探测距离远、探测精度高、可靠性强等特点，因此它也被认为是自动驾驶所必需的传感器器件，同时也是高精地图采集不可或缺的基础设备。目前，L4 及 L5 级别的无人驾驶高精地图广泛采用激光雷达、惯性测量单元（Inertial Measurement Unit，IMU）、实时动态载波相位差分技术（Real-Time Kinematic，RTK）等与视觉传感器兼具的综合解决方案，以达到安全冗余的目的。

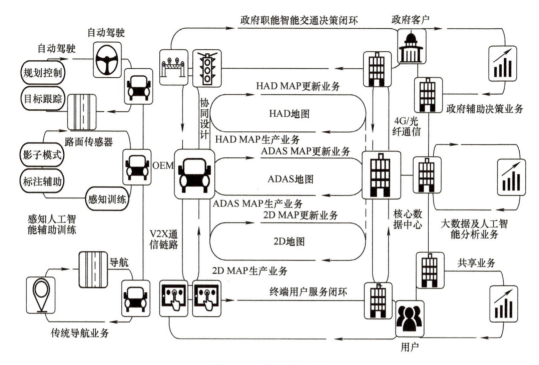

图 4-26　信息更新流程

网联化的车路协同系统对高精地图有"实时性"的要求，这与传统导航地图一贯采用的按季度/月度等更新机制完全不同。高精地图更新一般采取众包等方式更新，以配合智能交通系统（Intelligent Transportation System，ITS）的高频并发与响应。

智能网联汽车的导航系统在高精地图、高精度定位的基础上，充分利用高精地图提供的静态、准静态、甚至动态道路信息，利用车载传感器获取的动态信息，通过更加智能、精确、丰富信息的路径规划算法，为自动驾驶的实现提供道路指引。

车辆导航系统涉及卫星技术、DR 图像采集、地理信息系统（Geographic Information System，GIS）或电子地图技术、数据库技术、显示技术、接口技术和应用软件技术等领域，是通信与信息技术、传感器技术、自动车辆定位技术和计算机技术的综合应用。

### 三、高精度定位相对定位

绝对位置定位是以地球为参考系，相对位置定位以当前驾驶场景为参考系，相对位置定位思路和人类驾驶过程更为类似：人类驾驶人在驾驶过程中，通过视觉观察周围场景中的物体，包括建筑、路缘、标志线等，经过对比判断车辆在当前场景中的位置。类似地，自动驾驶汽车通过高清摄像头、激光雷达等感知设备获取周围场景内物体的图像或反射信号，将其与事先采集的高精地图数据进行匹配，从而获得车辆当前位置的精确估计。

相对位置定位可以分为（激光雷达）点云匹配和视觉定位两大技术路线。点云匹配以激光雷达为核心；激光雷达向外发射激光脉冲，从地面或者物体表面发射形成多个回波返回进行匹配，实现汽车当前场景的高精度定位。目前主流的匹配算法包括概率地图与正态分布变换（NDT）两种算法，代表应用如 google、HERE、TomTom。视觉定位以摄像头为核心，分为两种路径：视觉匹配和视觉里程定位，视觉匹配通过提取图像中的道路标识、车道线等参照物体与高精地图进行匹配，实现精准定位，代表公司如特斯拉、Mobileye、英伟达。基于视觉里程算法的定位技术以双目摄像头为主，通过图像识别以及前后两帧图像之间的特征关系来计算车辆当前的位置，但该方案依赖摄像头的成像质量，在光线不佳、视线遮挡等环境下定位可靠性有待考量，一般不会单独使用。

### 四、利用高精地图和高精度定位来进行"导航"

当前自动驾驶导航过程可以简要分为三个阶段：路线级规划、车道级规划、自动驾驶控制。路线级规划通过导航地图确定具体行驶路线，考虑交通方式、路线距离、交通状况、途经地点等，是点到点的粗略规划。车道级规划依靠高精地图，根据给定的路线确定具体的行驶方案，包括车辆起步和停止、速度限制、车道保持与变道、车道坡度等。在自动驾驶控制阶段，系统依据具体的行驶方案控制汽车，实现自动驾驶。具体到自动驾驶的控制，可以将自动驾驶流程分为"感知层-决策层-执行层"，高精地图横跨"感知层"和"决策层"。在感知层，车辆通过摄像头、毫米波雷达、激光雷达等设备获取周围场景信息，实现周围感知；将周围场景信息与高精地图进行比对，确定车辆相对位置，并通过 GNSS、RTK 定位、惯性导航系统确定自身姿态、速度和绝对位置，共同实现自我感知。感知信息进入决策层，算法将依据高精地图、车联网技术提供的多维度信息对具体驾驶问题做出判断、输出车辆控制信号并交给执行层执行。

感知层首先要感知周围环境，高精地图用于环境感知，能够与激光雷达、摄像头等感知设备输出结果形成冗余，提高识别的准确度。此外，高精地图信息能够为感知设备识别提供辅助信息。例如，通过高精地图，已知汽车在当前位置附近有交通信号灯，再通过摄像头、雷达设备感知该交通信号灯存在的准确率能够有所提升。

除了感知周围环境，自动驾驶的车辆同时要实现自我感知，即知道"我在哪"。利用高精地图和高精度定位（绝对位置＋相对位置）是自动驾驶汽车实现的定位解决方案。

以激光雷达点云匹配的定位方案为例：一方面，车载激光雷达扫描获得点云数据，并提取数据中包含的环境特征；另一方面，车辆从"GNSS+RTK+IMU"定位组合中获得车辆位置的预测值，从高精地图中获取该位置附近的环境特征，之后将扫描识别的环境特征与高精地图记述的环境特征做匹配融合，获取车辆当前场景下精确的位置信息。高精定位方案中，共有三部分相互重叠的定位子系统：卫星定位系统，包括 RTK 定位技术、地基增强网络等；航位推算引擎系统，包括 IMU、车身里程计以及车辆控制系统的总线信息；基于高精地图的相对位置。三部分之间信息相互耦合，结果相互冗余，从而保证定位的精度和可靠性。最具代表性的是百度 Apollo2.0 的多传感器高精度定位的实现方式。按照百度 Apollo 的划分，适用于自动驾驶汽车的定位技术可由六部分组成，分别为：惯性导航（定位）、卫星定位、磁力导航（定位）、重力导航（定位）、激光点云定位、视觉定位。不同部分之间优势互补，定位结果之间相互重叠以矫正误差，提高定位精度和鲁棒性。以 Apollo2.0 多传感器融合定位模块为例，以 IMU 为基础的惯性导航解算子模块、以地面基站和车端天线为基础的 GNSS 定位子模块，以及以激光雷达、高精地图为基础的点云匹配子模块相互融合，输出一个 6 DOF（自由度）位置和姿态信息，并且融合结果反馈给 GNSS 定位和点云定位子模块，提高两定位模块的精度。在该框架中，GNSS 定位模块向系统提供车辆绝对位置信息，而点云定位模块向车辆提供相对距离、相对位置信息。

感知完周边环境和自我位置之后，高精地图接下来用于进行决策支持。在规划与决策层面，高精地图除了用于自动驾驶汽车车道级别的线路规划外，还能够为决策和识别算法提供支持。例如，当车辆驶近人行横道——高精地图上标注的"兴趣区"时，识别算法将提前进行模型比较，提高对各类行人姿态的识别准确率，同时降低车速，避免事故的发生。由于自动驾驶需要极高的安全性，因此系统的鲁棒性非常重要。由于摄像头、激光雷达、毫米波雷达、高精地图都有信息缺失或者不能及时获取的可能，因此各种传感器的信息相互补充、互为冗余就非常重要了。高精地图和感知层（激光雷达、毫米波雷达、摄像头）一起构成了信息冗余的组成环节，信息冗余确保自动驾驶的鲁棒性。高精地图提供的部分道路和环境信息，如道路细节信息、交通标志等，与自动驾驶汽车通过摄像头、激光雷达等感知设备获取的信息存在重叠，达到"信息冗余"状态。一方面，冗余信息确保车辆在遇到恶劣环境、信号不佳、识别错误等非常规状况时能够依靠多余信息实现正确驾驶决策，确保自动驾驶的"鲁棒性"；另一方面，信息冗余为相对位置定位提供支持。通过将实时感知信息与高精地图信息进行对比，汽车可以获取当前行驶的相对位置，与基于 GNSS 等技术手段的绝对位置定位互补，构成另一层次的"信息冗余"。

 **任务实施**

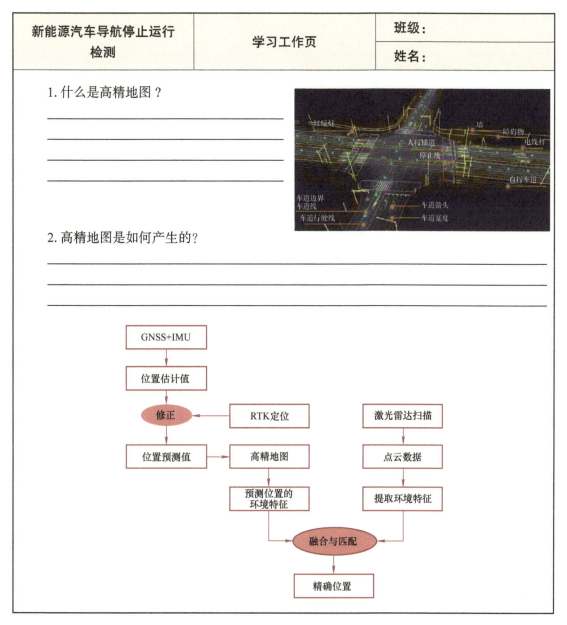

3. 根据框图解释自动驾驶汽车定位解决方案。

4. 自动驾驶汽车如何通过点云感知外界事物?

# 项目 5 汽车巡航控制系统

## 情境描述

在世界各国特别是发达国家，无论是乘用还是运输，汽车已经成为长距离运输的主要交通工具。驾驶人驾驶汽车长时间行驶时，由于长时间操纵加速、制动踏板，腿部容易产生肌肉疲劳，使车速难以稳定控制，因此巡航控制系统越来越多地被应用在汽车上。巡航控制系统是一种利用电子控制技术保持汽车自动等速行驶的系统。当汽车在高速公路上长时间行驶时，接通巡航控制主开关，设定希望的车速，巡航控制系统将根据汽车行驶阻力的变化自动增大或减小节气门开度，使汽车按设定的速度等速行驶，驾驶人不必操纵加速踏板。因此，巡航控制系统可以减轻驾驶人的疲劳，还可以使发动机的运行工况变化平稳，改善汽车的燃料经济性、行驶平顺性及排放性能，并提高汽车乘坐的舒适性。

## 任务 5.1 巡航控制系统失效检测

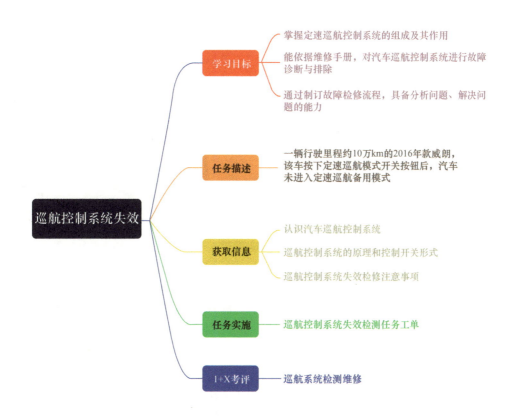

**学习目标**

**知识目标：**
1）理解汽车巡航控制系统的作用及工作原理。
2）掌握定速巡航控制系统的组成及其作用。

**技能目标：**
1）能熟练地使用和操纵定速巡航控制系统。
2）能依据维修手册，对汽车巡航控制系统进行故障诊断与排除。

**素养目标：**
1）在操作过程中培养学生的安全驾驶意识。
2）通过诊断并排除故障，培养学生分析问题、解决问题的能力。
3）能在工作结束后按照 7S 管理规定整理、恢复作业场地，养成良好的工作习惯。

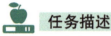 **任务描述**

一辆行驶里程约 10 万 km 的 2016 年款威朗，该车按下定速巡航模式开关按钮后，汽车未进入定速巡航备用模式。维修技师检测发现巡航控制开关测量电阻值异常，修复线束后故障排除。请根据该故障现象制订一份汽车巡航控制系统故障检修方案，完成汽车巡航控制系统的故障诊断与排除。

 **获取信息**

## 一、认识汽车巡航控制系统

汽车巡航是指汽车以一定的速度匀速行驶，因此，巡航控制系统（Cruise Control System, CCS）又称恒速控制系统，如图 5-1 所示。

汽车巡航控制系统的发展始于 20 世纪 60 年代，并经历了机械巡航控制系统、晶体管巡航控制系统、模拟微型计算机巡航控制系统和数字微型计算机巡航控制系统四个发展阶段。

图 5-1 汽车巡航控制系统

巡航控制主要应用于高速行驶工况下，车辆需要长途奔波，但是驾驶人经常性通过加速踏板控制车速，难免会导致右脚酸痛，巡航控制也就发挥了最大的功用。开启巡航控制时，车辆进气量和喷油量在电子控制单元（Electronic Control Unit, ECU）的控制下异常精准，发动机喷油量达到最为稳定的状态，车辆油耗较低。

定速巡航控制初步实现了车辆的半自动驾驶功能，是汽车自动驾驶时代开启的信号，该功能对于汽车的发展意义非凡。

**想一想**：汽车定速巡航控制系统适合在什么情况下使用？
_____
_____

## 二、巡航控制系统的原理和控制开关形式

巡航控制系统可以提高汽车行驶的稳定性、舒适性和行驶的安全性，降低油耗、尾气污染和磨损，延长车辆的使用寿命。

5.1 巡航控制系统控制电路及工作原理

驾驶人操纵巡航控制开关，将车速设定、减速、恢复、加速、取消等命令输入计算机。当驾驶人通过巡航控制开关输入设定命令时，计算机便记忆此时车速传感器输入计算机的车速，并按该车速对汽车进行等速行驶控制。汽车在巡航行驶过程中，不断通过比较电路将实际车速与设定车速进行比较，计算出实际车速与设定车速的差值，然后通过补偿电路输出对执行部件的命令，执行部件控制发动机节气门开大或关小，使实际车速接近设定车速。巡航控制系统工作过程中涉及的部件及总成如图 5-2 所示。

图 5-2　巡航控制系统工作过程中涉及的部件及总成

**头脑风暴**：巡航控制系统存在什么缺点？
_____
_____

巡航控制系统是一个速度控制系统，车辆在 40km/h 以上的车速下正常行驶时可保持需要的车速。陡坡可能会使所选择的车速发生变化。

巡航控制系统的主要部件有加速踏板及制动踏板位置传感器、车身控制模块（BCM）、巡航接通/关闭开关、巡航控制取消开关、"+RES"（恢复）开关（等同于恢复/加速开关）、"-SET"（设置）开关（等同于设置/滑行开关）、发动机控制模块、节气门执行器控制（TAC）电动机和车速传感器。

巡航控制系统控制按键如图 5-3 所示。

车身控制模块（BCM）监测转向盘上巡航控制开关的信号电路。BCM 通过串行数据电路，将巡航控制开关状态传递到发动机控制模块。发动机控制

图 5-3　巡航控制系统控制按键

模块根据巡航控制开关的状态来确定达到和保持车速的时间。发动机控制模块监测车速信号电路，以确定需要的车速。

车身控制模块（BCM）通过转向盘控制开关参考电压电路向巡航控制开关提供电压。巡航控制开关设计为梯形电阻，每个巡航控制开关有一个不同的电阻值。车身控制模块检测到与被激活的巡航控制开关相关的特定电压后，BCM 向 ECM 发送串行数据信息，表明 "ON/OFF"（打开/关闭）开关接通。类似地，当常开 "+RES" 开关或者常闭 "-SET" 开关被按下时，开关关

闭，车身控制模块（BCM）在巡航控制"恢复/加速"和"设置/滑行"开关信号电路中检测到预定的电压信号。车身控制模块向发动机控制模块发送一条串行数据信息，以指示"+RES"开关或"-SET"开关已激活。车身控制模块没有从接通/关闭开关处接收到预定电压信号时，"+RES"开关和"-SET"开关将保持关闭。

巡航控制系统启用时，可根据转向盘上的下列巡航控制开关的打开状态调节车速：

1）接通/关闭。

2）"+RES"（恢复）。

3）"-SET"（设置）。

如要启用巡航控制系统，要保证车速在 40.2km/h 以上，将巡航"ON/OFF"（打开/关闭）开关转到"ON"（打开），短按"-SET"开关。发动机控制模块将启用巡航控制系统，并记录车速。发动机控制模块向仪表板组合仪表发送一条串行数据信息以点亮组合仪表中的巡航控制启用指示灯。参见车辆《用户手册》，以了解巡航控制打开/关闭指示灯和驾驶人信息中心（DIC）信息的位置和操作。

巡航控制系统启用时踩加速踏板，能使驾驶人越过巡航控制系统，将车速提高到当前设定车速之上。松开加速踏板时，车速降低，并恢复到当前设置的车速。驾驶人也可以通过"-SET"开关和"+RES"开关，操控当前设置的车速。巡航控制系统启用时，长按"-SET"开关将使车辆从当前设定车速减速，无须解除巡航控制系统。松开"-SET"开关后，发动机控制模块将记录车速并保持此车速作为新的设定车速。巡航控制系统启用时，短按"-SET"开关将使车辆以每按一次降低 1.6km/h 的幅度减速，最低车速为 38km/h。巡航控制系统启用时，长按"+RES"开关将使车辆提高到比当前设定车速更高的速度。松开"+RES"开关后，发动机控制模块将记录车速并保持此车速作为新的设定车速。巡航控制系统启用时，短按"+RES"开关将使车辆以每按一次"+RES"开关增加 1.6km/h 的幅度加速。在踩下制动踏板或按下"CANCEL"（取消）开关关闭巡航控制系统后，瞬时激活"+RES"开关将恢复至以前的车速。

发动机控制模块可根据以下开关发出的信号，停用巡航控制系统：

1）制动踏板位置（CPP）传感器。

2）接通/关闭开关。

3）巡航控制取消开关。

踩下制动踏板时，巡航控制系统将停用。当制动踏板达到极限位置时电压信号增加，车身控制模块通过制动踏板位置传感器信号电路监测制动踏板位置传感器。发动机控制模块通过一项离散输入和一项来自车身控制模块指示制动状态的串行数据信息，监控制动踏板位置信号。当任一信号显示制动踏板踩下时，发动机控制模块将停用巡航控制系统。

巡航控制"ON/OFF"开关转到"OFF"（关闭）时，或者巡航控制开关取消开关接通时，巡航控制系统将停用。车身控制模块确定巡航控制取消开关何时被激活。当常开取消开关闭合时，车身控制模块在巡航控制功能开关电路上检测到一个预定电压信号。当巡航控制"ON/OFF"开关置于"OFF"位置时，或者点火开关置于"OFF"位置，发动机控制模块存储器中的速度将被清除。车身控制模块向发动机控制模块发送串行数据信息，以停用巡航控制系统。巡航控制系统停用时，ECM 向仪表板组合仪表（TPC）发送串行数据信息，以熄灭巡航启用指示灯。

巡航控制区域一般在转向盘后方或者集成在多功能转向盘上，主要有拨杆式和按键式两种控制开关，如图 5-4 所示。

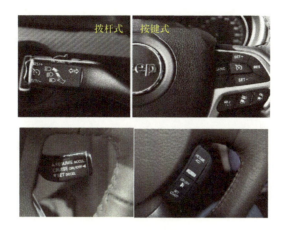

图 5-4　巡航控制形式

### 三、巡航控制系统失效检修注意事项

#### 1. 巡航控制系统失效原因

（1）传感器故障

车速传感器故障：车速传感器是巡航控制系统的关键部件之一，它负责向系统提供车辆的行驶速度信息。如果车速传感器出现故障，巡航控制系统可能无法准确获取车速，从而导致失效。

节气门位置传感器故障：节气门位置传感器用于监测节气门的开度，以控制发动机的输出功率。如果该传感器出现故障，巡航控制系统可能无法正确调节发动机功率，导致巡航失效。

制动踏板位置传感器故障：制动踏板位置传感器用于检测制动踏板的状态。当驾驶人踩下制动踏板时，该传感器应向巡航控制系统发送信号，使巡航控制系统解除。如果该传感器出现故障，巡航控制系统可能无法正确响应制动操作，存在安全隐患。

（2）电气系统故障

熔丝熔断：巡航控制系统的电路中通常设有熔丝，以保护系统免受电流过载的损害。如果熔丝熔断，巡航控制系统将无法正常工作。

线路故障：巡航控制系统的线路可能会因为磨损、短路、断路等原因出现故障，导致系统失效。

控制模块故障：巡航控制系统的控制模块是系统的核心部件，它负责接收传感器信号、处理数据并控制执行器的工作。如果控制模块出现故障，巡航控制系统将无法正常运行。

（3）执行器故障

节气门执行器故障：节气门执行器负责根据巡航控制系统的指令调节节气门的开度，以控制发动机的输出功率。如果节气门执行器出现故障，巡航控制系统将无法正确调节发动机功率，导致巡航失效。

制动执行器故障：制动执行器用于在巡航控制系统解除时，自动控制制动系统进行制动。如果制动执行器出现故障，巡航控制系统可能无法正确响应制动操作，存在安全隐患。

#### 2. 解决方法

（1）检查传感器

检查车速传感器：使用诊断工具检查车速传感器的输出信号是否正常。如果信号异常，检查传感器的连接电路是否有故障，如有必要，更换车速传感器。

检查节气门位置传感器：使用诊断工具检查节气门位置传感器的输出信号是否正常。如果信号异常，检查传感器的连接电路是否有故障，如有必要，更换节气门位置传感器。

检查制动踏板位置传感器：使用诊断工具检查制动踏板位置传感器的输出信号是否正常。如果信号异常，检查传感器的连接电路是否有故障，如有必要，更换制动踏板位置传感器。

（2）检查电气系统

检查熔丝：检查巡航控制系统的熔丝是否熔断。如果熔断，更换新的熔丝，并检查电路中是否存在短路或过载等问题。

检查线路：检查巡航控制系统的电路是否有磨损、短路、断路等故障。如有必要，修复或更换受损的线路。

检查控制模块：使用诊断工具检查巡航控制系统的控制模块是否存在故障码。如果有故障码，根据故障码的提示进行相应的维修或更换控制模块。

（3）检查执行器

检查节气门执行器：使用诊断工具检查节气门执行器的工作状态是否正常。如果不正常，检查执行器的连接电路是否有故障，如有必要，更换节气门执行器。

检查制动执行器：使用诊断工具检查制动执行器的工作状态是否正常。如果不正常，检查执行器的连接电路是否有故障，如有必要，更换制动执行器。

## 任务实施

| 巡航控制系统失效检测 | 学习工作页 | 班级： |
|---|---|---|
| | | 姓名： |

1. 汽车定速巡航控制系统的主要部件和开关形式是什么？

主要部件：_____

开关形式：_____

2. 把下列内容补充完整。

1）车速一旦降低，想要恢复设定的车速需要按下_____键。

2）巡航控制系统是一种利用电子控制技术保持汽车_____的系统。

3）巡航控制系统的节气门位置传感器与_____共用。

4）巡航控制系统需要的传感器主要有_____。

5）巡航控制系统可简称为_____。

3. 定速巡航控制系统最适合在什么路况下行车时使用？

_____

4. 巡航控制系统的使用给人们带来了哪些便利？它有什么优势呢？

_____

5. 根据图片的提示，说出定速巡航可以实现哪几种功能。

_____
_____
_____

6. 图中仪表盘中点亮的标志代表什么？
_____
_____
_____

7. 写出图中所指零部件的含义。

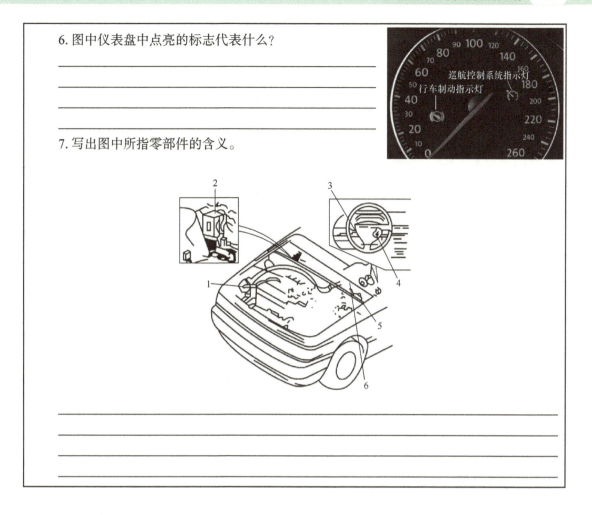

_____
_____
_____
_____

## 任务 5.2　自适应巡航控制系统无法设定检测

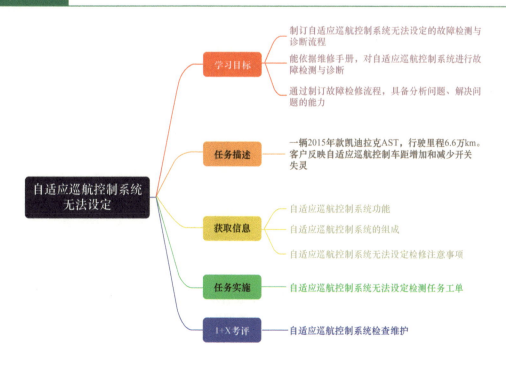

**学习目标**

**知识目标：**
1）说出自适应巡航控制系统的组成部分。
2）制订自适应巡航控制系统无法设定的故障检测与诊断流程。

**技能目标：**
1）查阅车主手册，能够设定自适应巡航控制系统。
2）能够在车上识别自适应巡航控制系统的各个组成部件。
3）能依据维修手册，对自适应巡航控制系统进行故障检测与诊断。

**素养目标：**
1）在操作过程中培养学生规范操作的意识。
2）通过制订故障检修流程并排除故障，具备实践的能力。
3）能在工作结束后按照7S管理规定整理、恢复作业场地，养成良好的工作习惯。

 **任务描述**

一辆2015年款凯迪拉克AST，行驶里程6.6万km。客户反映自适应巡航控制车距增加和减小开关失灵。经维修技师诊断，发现自适应巡航控制车距增加/减小开关对搭铁短路，更换开关后故障排除。请根据该故障现象制订一份自适应巡航控制系统无法设定故障诊断方案，完成自适应巡航控制系统无法设定故障的诊断与排除。

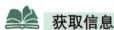 **获取信息**

### 一、自适应巡航控制系统功能

自适应巡航控制（Adaptive Cruise Control，ACC）系统也称为主动巡航控制系统或自动巡航控制系统，能够在更大程度上减少驾驶人的干预，是一种智能化自动控制系统。自适应巡航控制系统是在早已存在的巡航控制技术的基础上发展而来的。在车辆行驶过程中，安装在车辆前部的车距传感器（雷达）持续扫描车辆前方道路，同时轮速传感器采集车速信号。系统根据雷达传感器探测到的与前方车辆的相对距离和速度，将其与设定的安全距离相比较，然后通过控制车辆的加速和制动，从而自动调整车辆速度，使得本车与前方车辆保持一定的距离，如图5-5所示。倘若在安全距离内没有车辆，那么车速将维持在设定的速度。采用该系统可以有效地提升驾驶人的舒适性，减少长时间驾驶的疲劳与负担，增加交通车辆流量的稳定性。

图5-5 雷达传感器探测车距

美国运输部提供的研究数据显示：在美国发生的机动车相撞事故中大约23%是由追尾事故引发的。汽车追尾碰撞事故可分为前车停止类型和前车行驶类型两种基本类型。在前车停止类型中，发生碰撞时前车处于停车状态或车速很慢。这种状态可以由多种原因造成,如交通阻塞、行人横穿马路、车辆左转或遇到红灯等。在前车行驶类型中,无论前车是正在减速还是匀速行驶,发生碰撞时它的车速都比本车慢。这种情况经常发生在车辆跟随距离太近,前车突然制动时,本车对一个匀速行驶的前车强行超车时也有可能发生追尾事故。

在 ACC 系统中,由于已经具有了雷达测距系统,在实现 ACC 功能的同时,还可以实现(或部分实现)防撞报警的功能,大大降低了追尾事故的发生概率。美国运输部发表的一份评估报告中指出:如果 ACC 系统被广泛地在实际运输中使用,在高速公路上当 ACC 车辆接近一辆慢速行驶或正在减速的车辆时可以减少 17% 的追尾事故。对于其他情况下,如超车、改换行车道等,ACC 系统也可有效减少追尾事故的发生。ACC 系统的功能如下:

1)当前方没有车辆时,ACC 系统会以一定的速度巡航(巡航的车速在设定的车速限值范围内)。

2)当雷达监测范围内出现车辆时,如果车速过高,此时汽车会减速,并以一定的车速跟随前车行驶,保持安全距离;若前车又切出本车道,则本车会自动加速至设定车速。如果前方车道无车,此时车速是 80km/h,当前方车道出现车辆,车速下降。

3)当前车变向时,汽车会更换跟车目标。

4)ACC 停走功能(如果有)在汽车低速甚至静止时也能启用,这在走走停停的城市工况中比较有用。该系统在低速时仍能够保持与前车的距离,并能够对汽车制动,直至静止,在几秒后,如果前车起动,ACC 系统也会自动跟随启动;如果停留时间较长,只需驾驶人轻踩加速踏板则能够再次进入巡航模式。

可见,ACC 系统可以自动控制自车的加减速以保持本车与前车的距离,从而大大减轻驾驶人在驾驶时的劳动强度,让驾驶人从频繁的加速和减速中解脱出来,在享受更加舒适驾驶的同时,增加行驶的安全性。

**想一想**:自适应巡航控制与定速巡航控制存在哪些区别?
_____
_____

## 二、自适应巡航控制系统的组成

自适应巡航控制也可以称为主动式巡航控制或者智能巡航控制。这些系统通常使用雷达技术或者激光检测技术实现其功能。基本的自适应巡航控制系统主要由自适应巡航控制系统传感器、自适应巡航控制系统控制器、发动机管理控制器、电子节气门执行器、制动执行器、制动控制器(如 ABS、ESP 等)组成。对于一个完整的系统,还必须有相关人机界面,所以在实际的车辆中使用的自适应巡航控制系统还必须增加操作控制开关,给驾驶人提供相关巡航系统状态的组合仪表。

5.2 自适应巡航系统的组成和控制过程

自适应巡航控制系统的核心元件为毫米波雷达(图 5-6)。毫米波雷达常见的工作频率一般为 24GHz 和 77GHz。毫米波雷达相比厘米波雷达具有体积小、易集成和空间分辨率高的特点。以 BOSCH 公司的长距离毫米波雷达为例,探测距离可达 250m(普通超声波倒车雷达的探测距离一般不超过 15m)。

图 5-6　摄像头与雷达

**头脑风暴**：毫米波雷达有什么特点？
_____
_____

图 5-7 为自适应巡航控制系统的控制原理。

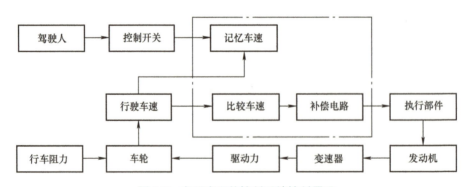

图 5-7　自适应巡航控制系统控制原理

发射信号到接收部分反射信号所用的时间取决于与目标物间的距离。当距离扩大到两倍时，发射信号到接收反射信号所用的时间也延长到两倍，如图 5-8 所示。

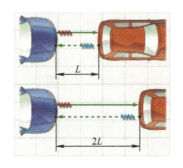

图 5-8　自适应巡航信号发射与接收

**注意：** 在弯道变换或在弯道进口和出口时会发生这样的情况，即车辆在短时间内消失或旁边车道的车辆被捕捉，如图5-9所示。这种情况是由系统本身决定的，并非系统故障，这有可能使系统表现出短时间内的不明加速或车辆减速。

图5-9 自适应巡航控制转弯

## 三、自适应巡航控制系统无法设定检修注意事项

### 1. 自适应巡航控制系统无法设定原因

（1）传感器故障

雷达故障：自适应巡航控制系统主要依靠雷达来检测前方车辆的距离和速度。如果雷达出现故障，如被污垢覆盖、损坏或校准不准确等，系统可能无法正常设定。

车速传感器故障：车速传感器提供车辆当前的行驶速度信息。如果车速传感器出现故障，系统可能无法准确判断车辆速度，从而导致无法设定自适应巡航。

（2）电气系统问题

电源故障：自适应巡航控制系统需要稳定的电源供应。如果电源出现问题，如熔丝熔断、线路断路或短路等，系统可能无法正常工作，导致无法设定。

控制模块故障：控制模块是自适应巡航控制系统的核心部件，负责处理传感器数据并控制车辆的加速、减速等操作。如果控制模块出现故障，系统可能无法设定或正常运行。

### 2. 解决方法

（1）检查传感器

清洁雷达：如果雷达被污垢覆盖，使用干净的软布轻轻擦拭雷达表面，确保其清洁。

检查雷达是否损坏：如果怀疑雷达损坏，可将车辆送到专业的汽车维修店进行检测和维修。

校准雷达：如果雷达校准不准确，可按照车辆使用手册中的方法进行校准，或由专业技术人员进行校准。

检查车速传感器：使用诊断工具检查车速传感器的输出信号是否正常。如果信号异常，检查传感器的连接电路是否有故障，如有必要，更换车速传感器。

（2）检查电气系统

检查电源：检查自适应巡航控制系统的熔丝是否熔断，电路是否有断路或短路现象。如有问题，更换熔丝或修复电路。

检查控制模块：使用诊断工具检查控制模块是否存在故障码。如果有故障码，根据故障码的提示进行相应的维修或更换控制模块。

 **任务实施**

| 自适应巡航控制系统无法设定检测 | 学习工作页 | 班级： |
|---|---|---|
| | | 姓名： |

1. 自适应巡航控制系统与定速巡航控制系统相比增加了哪些结构，能实现哪些功能？自适应巡航控制与定速巡航控制相比存在哪些优势？
_____
2. 请结合实际使用经验讲述目前测距雷达在汽车上的应用场景。
_____
3. 根据以下四幅图讲述自适应巡航控制系统的基本功能分别是什么？自适应巡航控制系统是如何进行工作的？

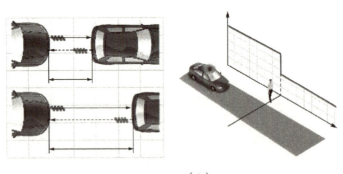

（1）_____（2）_____

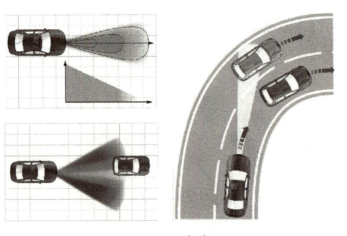

（3）_____（4）_____

4. 遇到以下三种情境，开启自适应巡航控制的汽车，车速将如何变化？

跟随行驶
实际车距<设定车距

跟随行驶
实际车距>设定车距

自由行驶
无目标对象

5. 图中标出的是汽车哪些部件？它们各有什么作用？

_____
_____

## 任务 5.3　电动汽车自适应巡航控制系统检测

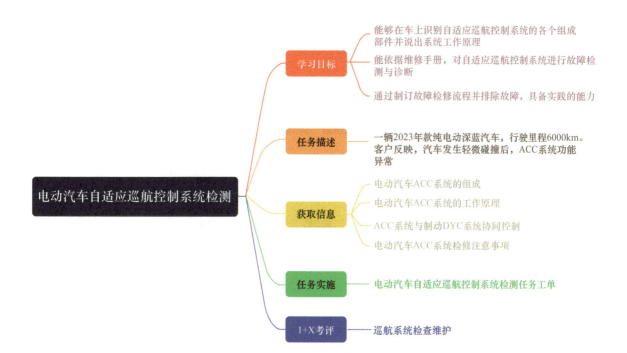

## 学习目标

**知识目标：**
1）说出电动汽车自适应巡航控制系统的组成部分。
2）能够在车上识别自适应巡航控制系统的各个组成部件并说出系统工作原理。

**技能目标：**
1）查阅车主手册，能够设定电动汽车的自适应巡航系统。
2）能够制订电动汽车自适应巡航控制系统无法设定的故障检测计划。
3）能依据维修手册，对自适应巡航控制系统进行故障检测与诊断。

**素养目标：**
1）在操作过程中培养学生规范操作的意识。
2）通过制订故障检修流程并排除故障，具备实践的能力。
3）能在工作结束后按照7S管理规定整理、恢复作业场地，养成良好的工作习惯。

## 任务描述

一辆2023年款纯电动深蓝汽车，行驶里程6000km。客户反映，汽车发生轻微碰撞后，ACC系统功能异常。经维修技师诊断，自适应巡航控制系统前雷达碰撞导致偏移，重新校准后故障排除。请根据该故障现象制订一份自适应巡航控制系统传感器异常故障检修方案，完成自适应巡航控制系统传感器异常的故障诊断与排除。

## 获取信息

### 一、电动汽车 ACC 系统的组成

电动汽车ACC系统是由信息感知单元、电子控制单元（ECU）、执行单元和人机交互界面等组成，如图5-10所示。电动汽车相对于燃油汽车，其ACC系统的信息采集单元没有节气门位置传感器，执行单元没有节气门控制器和档位控制器，相应增加电机控制器和再生制动控制

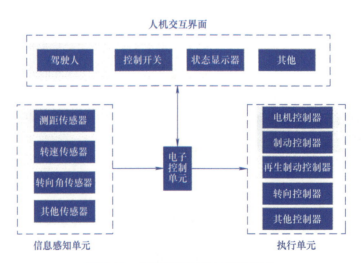

图 5-10　电动汽车 ACC 系统的组成

器。信息感知单元将传感器测量的距离、速度和加速度等信号输入到电子控制单元；电子控制单元对主车行驶环境及运动状态进行分析、计算、决策，输出转矩和制动压力信号；执行单元用于完成电子控制单元的指令，通过电机控制器和制动控制器来调节主车的行驶速度；驾驶人可以通过人机交互界面（通常是一个显示屏和一个转向盘按钮）直观地了解当前系统接收到的信息，使驾驶人能够自由地操控启动、停用 ACC 系统。

> **想一想**：电动汽车 ACC 系统与燃油汽车 ACC 系统存在哪些区别？
> _____
> _____

## 二、电动汽车 ACC 系统的工作原理

电动汽车 ACC 系统的工作原理如图 5-11 所示，它与燃油汽车 ACC 系统工作原理基本一样，唯一区别是：燃油汽车控制的是节气门开度，调节发动机输出转矩；电动汽车控制的是电动机转矩，调节电动机的输出转矩，而且增加了再生制动控制。

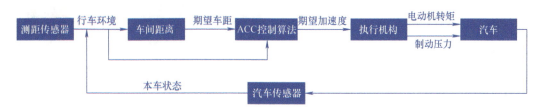

图 5-11 电动汽车 ACC 系统的工作原理

电动汽车 ACC 系统的控制方法如图 5-12 所示，它分为四个层次：第一层信息交互层，是驾驶人与车辆 ACC 系统交互的窗口，驾驶人可根据自己的驾驶意图操作 ACC 系统功能和参数，如开启、关闭 ACC 系统，设置定速巡航速度等；第二层感知层，根据雷达、摄像头和传感器信号控制加速度和转矩，获得期望加速度和期望转矩信号；第三层决策控制层，对第二层输出

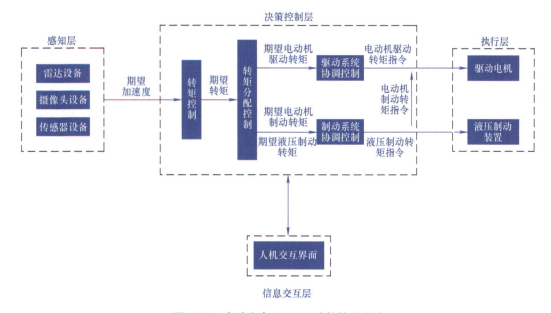

图 5-12 电动汽车 ACC 系统的控制方法

的期望转矩进行分配,获得期望电动机驱动转矩、期望电动机制动转矩和期望液压制动转矩;第四层执行层,接受第三层信号协调驱动系统和制动系统控制,输出电动机驱动转矩指令、电动机制动转矩指令和液压制动转矩指令,分别控制驱动电机和液压制动装置。

> **头脑风暴:** 电动汽车 ACC 系统的控制方法是什么?
> _____
> _____

## 三、ACC 系统与制动 DYC 系统协同控制

ACC 系统的普及使用已经证明了其对减轻驾驶人疲劳程度、提高舒适性、提高安全性、提高道路使用能力和降低燃油消耗具有重要的意义。但是,当前的 ACC 系统的安全性主要集中在纵向安全性上(图 5-13),缺乏横向稳定性。

由于车辆纵向动力学和横向动力学的耦合关系,在某些工况下如果只考虑 ACC 车辆的纵向性能,由 ACC 系统产生的纵向运动将影响车辆的横向稳定性,严重时甚至导致车辆横

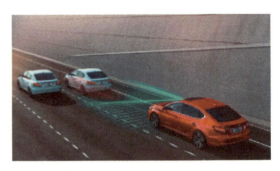

图 5-13　电动汽车 ACC 系统的安全性

向失稳,甚至发生严重事故。例如,在弯道行驶过程中,前车驶出弯道而自车仍然在转向,此时前车脱离 ACC 车辆雷达探测范围,ACC 系统将控制车辆加速,若整个弯道过程车速较快,ACC 系统产生的纵向加速度指令会导致车辆状态进入非线性区,可能导致车辆失稳,发生事故。因此,保证 ACC 车辆在跟车过程中的横向稳定性变得至关重要。

制动直接横摆力矩控制(Direct Yaw Moment Control,DYC)系统是通过差动制动的方式来产生附加横摆力矩改变车辆运动状态,提高车辆稳定性。当制动 DYC 系统响应变道超车、弯道超车以及紧急避障等恶劣工况时,系统对每个车轮施加驱动力或制动力,使整车产生额外的横摆力矩,有效地避免了汽车遇到不可预见的危险时引发的侧向移动,保证汽车行驶的安全稳定性。大量数据表明,制动 DYC 系统对车辆的安全性和稳定性有着积极影响,例如美国官方曾经在其境内十多个州进行了交通事故的统计,并对其中重要事件进行分析,发现装载直接横摆力矩控制系统的车辆可以防止 56% 的单车碰撞和 25% 的多车辆碰撞。

目前广泛应用的制动 DYC 系统为电子稳定程序(Electronic Stability Program,ESP)。它将 ACC 系统与制动 DYC 系统结合起来,可以提高 ACC 车辆在危险工况下的横向稳定性。

## 四、电动汽车 ACC 系统检修注意事项

电动汽车传感器故障和电气故障与传统汽车相似,还可能存在以下故障。

### 1. 故障原因

(1)软件问题

程序错误:ACC 系统的软件可能存在漏洞或错误,导致系统运行不稳定或出现故障。

系统升级问题:在进行系统升级时,如果出现问题,可能会影响 ACC 系统的正常功能。

(2)外部干扰

恶劣天气：大雨、大雪、浓雾等恶劣天气条件可能会影响雷达的性能，导致 ACC 系统故障。

电磁干扰：周围环境中的强电磁场可能会干扰 ACC 系统的信号传输，影响系统的正常工作。

### 2. 解决方法

1）软件复位：尝试对 ACC 系统进行软件复位，恢复到出厂设置，看是否能解决问题。

2）联系厂家或专业维修人员：如果软件问题无法自行解决，可联系车辆厂家或专业的汽车维修人员，进行进一步的诊断和修复。

3）避免恶劣天气条件下使用：在大雨、大雪、浓雾等恶劣天气条件下，尽量不要使用 ACC 系统，以免因传感器受到影响而出现故障。

4）远离电磁干扰源：将车辆移至远离强电磁场的地方，再次尝试使用 ACC 系统。

## 任务实施

| 电动汽车自适应巡航控制系统检测 | 学习工作页 | 班级： |
| --- | --- | --- |
| | | 姓名： |

1. 电动汽车相对于燃油汽车，其 ACC 系统的信息采集单元和执行单元有哪些区别？

2. 电动汽车 ACC 系统的控制方法分为哪几个层次？请画出层级图并解释其控制方法。

3. 下图中车辆转向失稳通常包括由后轮滑动引起的过度转向和由前轮滑动引起的转向不足两种情况，当车辆转向失稳时，驾驶人对车辆的控制能力会大幅下降，从而使汽车偏离预定路线，导致交通事故的发生，所以确保车辆转向时的安全和稳定是非常重要的。哪种控制系统可以和 ACC 系统协同控制有效地改善车辆在极端路况下横摆运动的控制？结合下图请查阅相关资料写出其控制原理。

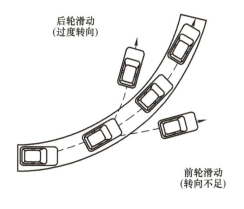

4. 在过去的数十年里，主动底盘控制系统的广泛应用大大提高了车辆在复杂工况下的行驶安全性。改善车辆横向稳定性的主动底盘控制系统还有哪些？

_____
_____
_____
_____

# 项目 6 汽车座椅系统

## 情境描述

汽车座椅是乘员在乘坐过程中接触时间最长的车内构件,是能够直接影响人们乘车或驾车体验的设备,乘客和驾驶人对其最低追求就是乘坐舒适,因此座椅必须具备智能的调整功能,以便使座椅适应不同乘客的体型、身材和满足不同驾驶人的驾驶姿态和习惯。驾驶人通过调节操纵开关,将座椅调整到最佳位置,不但可以获得对于驾驶人本人最舒适、最习惯的乘坐角度与最好的视野,还可使转向盘、踏板、变速杆等易于操纵。座椅的调节可以通过手动或电动的方式来完成,驾驶人电动座椅的调节就是通过电动机的控制调节座椅的前后位置、上下高度、靠背角度,使驾驶人处于一个相对舒适的驾驶位置。电动座椅能够使座椅的调节更为便捷,早已广泛应用在轿车上,而且需求量在日益增大。自1885年世界上第一辆汽车问世以来,汽车座椅已经从一个简单的部件发展成为一种提供舒适性和安全性的实用工具。随着电子技术的迅速发展,大量电子设备被引入座椅,使得座椅的功能越来越复杂,有些豪华车型的电动座椅还具有调节腿部支撑、腰部支撑等功能,更有一些电动座椅具有记忆、加热等功能。

## 任务 6.1 电动座椅无法调节检测

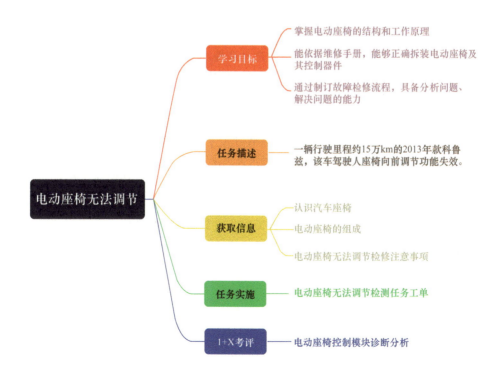

## 学习目标

**知识目标：**
1）掌握电动座椅的结构和工作原理。
2）能够准确分析与检测汽车电动座椅控制电路。

**技能目标：**
1）查阅电路图册，拆画汽车电动座椅电路图。
2）能依据维修手册，正确拆装电动座椅与其控制器件。

**素养目标：**
1）通过制订故障检修流程，具备分析问题、解决问题的能力。
2）能在工作结束后按照7S管理规定整理、恢复作业场地，养成良好的工作习惯。
3）以案例引导学生讨论，培养学生解决实际问题的能力。

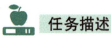

## 任务描述

一辆行驶里程约15万km的2013年款科鲁兹，该车驾驶人座椅向前调节功能失效。经维修技师初步诊断为水平调节电动机向前控制功能故障，更换电动机后故障排除。请根据该故障现象制订一份汽车电动座椅故障检修方案，完成汽车电动座椅故障诊断与排除。

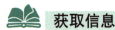

## 获取信息

### 一、认识汽车座椅

汽车座椅的主要功能是为驾驶人提供便于操作、舒适而又安全的驾驶位置，为乘员提供不易疲劳、舒适而又安全的乘坐位置。作为人和汽车之间连接部件的座椅，对其性能的要求越来越高，从20世纪50年代的固定式座椅发展到今日的多功能动力调节座椅，还有气垫座椅、立体音响座椅、恢复精神座椅等特种功能座椅及电动座椅。

座椅调节装置的多功能化使座椅调节装置的功能由调节座位的前后移动与靠背的倾斜度，逐步向多功能发展，使座椅的舒适性、安全性、操作性日益提高。

在实际应用中，电动座椅的调整功能可以通过使用一定数量的电动机去改变座椅不同部位的具体位置来实现。电动座椅可分为单电动机驱动式与多电动机驱动式，其传动方式有齿轮齿条传动方式与螺杆传动方式，动作方式有前后调节、上下调节、座位前部的上下调节、座位后部的上下调节、靠背的倾斜调节等以及由这些方式组合而成的各种多功能调节方式。

**想一想：** 汽车电动座椅的哪些设计可以减轻驾驶人在驾驶时的疲劳感？
_____
_____

### 二、电动座椅的组成

电动座椅前后方向的调节量一般为100～160mm，上下方向一般为30～50mm，全程移动所需时间为 8~10s。电动座椅由开关进行控制，可完成多个方向的位置调整。电动座椅调整系统按座椅移动的方向数目可分为两方向、四方向和六方向。一些高端车辆不仅前排座椅安装有电动座椅，后排也装配了电动座椅。电动座椅一般由控制开关、双向电动机、位置传感器、传动机构等组成，如图 6-1 所示。

6.1 自动座椅的组成

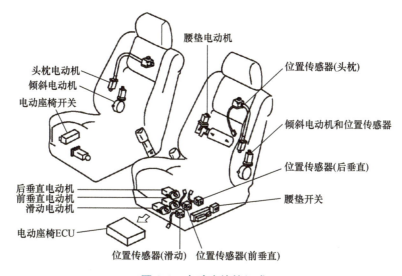

图 6-1 电动座椅的组成

### 1. 电动机

电动机（图 6-2）的数量取决于电动座椅的类型，其作用是为电动座椅的调节机构提供动力。此类电动机多采用双向电动机，即电枢的旋转方向随电流的方向改变而改变，使电动机按不同的电流方向进行正转或反转，以达到调节座椅的目的。通常两向移动座椅装有两个电动机，四向移动座椅装有四个电动机，有的电动座椅使用电动机的数量可达八个。它除能保证正常的六向运动外，还可调整头枕高度、座椅长度和扶手位置等。

6.1 电动机的检测

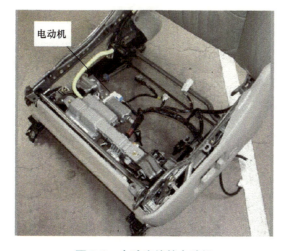

图 6-2 电动座椅的电动机

## 2. 传动机构

电动座椅的传动机构主要由前后调整传动机构和高度调整传动机构组成，其作用是把直流电动机产生的旋转运动转变为座椅的空间位置调整。传动装置的作用是将电动机的动力传给座椅调节装置，使其完成座椅的调整。

（1）前后调整传动机构（图6-3） 前后调整传动机构由蜗杆、蜗轮、齿轮、齿条、导轨等组成，齿条安装在导轨上。调整时，直流电动机产生的转矩经蜗杆传至两侧的蜗轮上，蜗轮与齿轮同轴，齿条带动导轨移动，进而带动座椅前后移动。

（2）上下调整传动机构 上下调整传动机构由蜗杆轴、蜗轮、芯轴等组成，如图6-4所示。调整时，直流电动机产生的转矩带动蜗杆轴，驱动蜗轮转动，使芯轴在蜗轮内旋进或旋出，带动座椅上下移动。

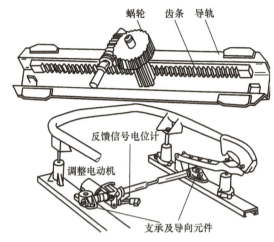

图6-3 前后调整传动机构

## 3. 控制开关

控制装置接收驾驶人或乘员输入的命令，控制执行机构完成电动座椅的调整。电动座椅组合开关包括前倾开关、后倾开关和四向开关（即上下和前后），如图6-5所示。

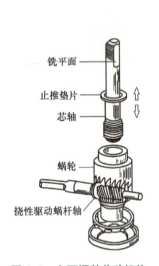

图6-4 上下调整传动机构

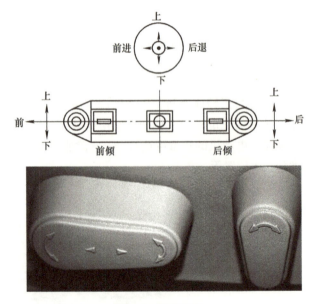

图6-5 控制开关

电动座椅组合控制开关有的汽车安装在车门上，有的汽车安装在座椅旁边，使驾驶人或乘员操纵方便。

**头脑风暴**：汽车电动座椅的功能是什么？
_____
_____

### 三、电动座椅无法调节检修注意事项

电动座椅无法调节可以从电气系统故障和机械系统故障两方面分析。

#### 1. 电气系统故障

（1）故障原因

电源故障：座椅的电源供应出现问题，可能是熔丝熔断、电路断路或短路等，导致电动座椅无法获得电力。

电动机故障：驱动座椅调节的电动机损坏、卡住或烧毁，无法正常工作，使得座椅无法进行位置调整。

控制模块故障：座椅的控制模块出现故障，无法接收调节指令或无法正确控制电动机运行。

（2）解决方法

检查电源：检查座椅的熔丝是否熔断，电路是否有断路或短路现象。如有问题，更换熔丝或修复电路。

检查电动机：使用万用表等工具检测电动机的电阻和电压，判断电动机是否正常工作。如果电动机损坏，需要更换新的电动机。

检查控制模块：使用诊断设备对控制模块进行检测，查看是否有故障码。如有故障，根据故障码进行相应的维修或更换控制模块。

#### 2. 机械系统故障

（1）故障原因

传动机构故障：座椅的传动机构，如齿轮、齿条、丝杠等出现磨损、损坏或卡滞，导致座椅无法顺畅地进行调节。

连接部件松动或损坏：座椅的连接部件，如螺栓、铰链等松动或损坏，影响座椅的正常调节功能。

（2）解决方法

检查传动机构：检查座椅的传动机构是否有磨损、损坏或卡滞现象。如有问题，进行维修或更换传动部件。

检查连接部件：检查座椅的连接部件是否松动或损坏。如有松动，进行紧固；如有损坏，进行更换。

 **任务实施**

| 电动座椅无法调节检测 | 学习工作页 | 班级： |
|---|---|---|
| | | 姓名： |

1. 电动座椅的功能是什么？
功能：_____。
2. 装有 4 个双向电动机的座椅可以调整_____个方向。
3. 座椅前后方向调节量为_____。
4. 电动座椅调整系统，按座椅移动的方向数目可分为_____。
5. 电动座椅的电动机是如何进行工作的？
_____
_____

6. 写出图中所指零部件的含义。

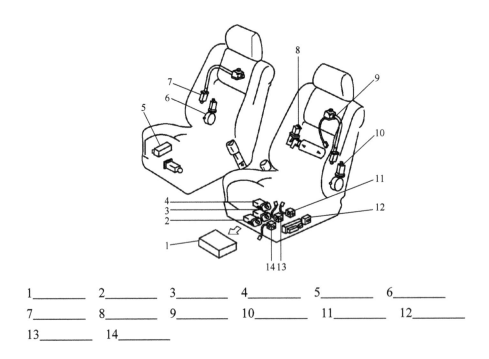

1_____ 2_____ 3_____ 4_____ 5_____ 6_____
7_____ 8_____ 9_____ 10_____ 11_____ 12_____
13_____ 14_____

7. 电动座椅的传动机构主要由前后调整传动机构和高度调整传动机构组成，其作用是把直流电动机产生的旋转运动转变为座椅的空间位置调整。根据以下两张图说明其结构并阐述它们是如何实现位置调整的。

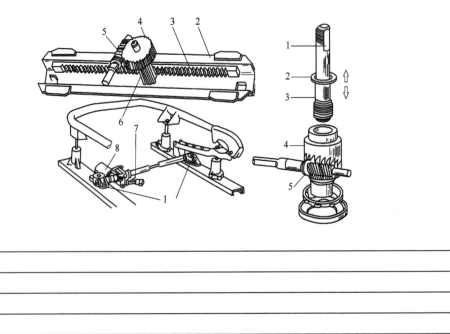

## 任务 6.2　电动座椅记忆功能失效检测

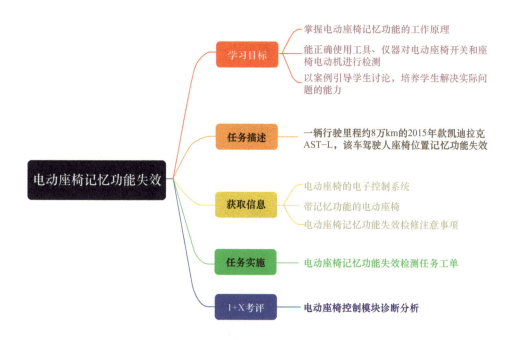

 **学习目标**

知识目标：
1）掌握电动座椅记忆功能的工作原理。
2）能够准确分析与检测汽车电动座椅控制电路。

技能目标：
1）掌握汽车电动座椅开关及电动机的拆卸及安装方法。
2）能正确使用工具、仪器对电动座椅开关和座椅电动机进行检测。
3）会查阅维修手册，对电动座椅进行故障检修。

素养目标：
1）在操作过程中注意细节，认真刻苦，培养学生工匠精神。
2）能在工作结束后按照7S管理规定整理、恢复作业场地，养成良好的工作习惯。
3）以案例引导学生讨论，培养学生解决实际问题的能力。

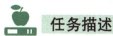 **任务描述**

　　一辆行驶里程约8万km的2015年款凯迪拉克AST-L，该车驾驶人座椅位置记忆功能失效。经维修技师初步诊断，为驾驶人座椅位置记忆开关故障，更换开关后故障排除。请根据该故障现象制定一份汽车电动座椅故障检修方案，完成汽车电动座椅故障诊断与排除。

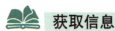 获取信息

## 一、电动座椅的电子控制系统

控制单元有四个电动座椅位置传感器，用来反映座椅的位置。如图6-6所示，电位计式电动座椅位置传感器的工作原理和一般电位计相似。它由一根螺杆驱动一个滑块在电阻丝面上滑动，传给电子控制装置的电压信号决定滑块的位置。只要座椅位置调定后，驾驶人按下存储器的按钮，电子控制装置就把这些电压信号储存起来，作为重新调整位置时的基准。

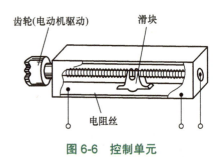

图6-6 控制单元

目前，很多电动座椅采用霍尔式位置传感器，如图6-7所示。霍尔式位置传感器中的永久磁铁安装在由电动机驱动的轴上，由于转轴上磁铁的转动引起通过霍尔元件中磁通量的变化，从而引起霍尔元件产生不同的霍尔电压，送入控制单元。

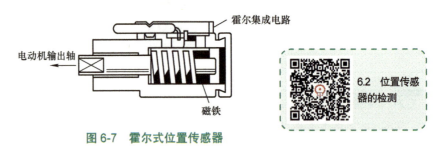

图6-7 霍尔式位置传感器

6.2 位置传感器的检测

**想一想**：汽车电动座椅有哪几种传感器可以使用？
_____
_____

## 二、带记忆功能的电动座椅

### 1. 电动座椅的记忆功能

驾驶人上车以后会根据自己身体的特点调整汽车座椅的高度和前后的距离，以及背椅倾斜的角度等。如果有很多人驾驶这辆车，每位驾驶人上车了都要重新调整一遍会比较麻烦，所以当一位驾驶人调整好以后，可以让计算机把当前座椅的情况记忆一下，设定一个快捷键，下次上车，虽然座椅被别人调整过了，但是按下此快捷键，它就可以自动调整到设定好的位置。帕萨特轿车记忆功能的设置正确方法如下：

6.2 电动座椅的记忆功能

1）打开车门。
2）按下座椅记忆开关键（M）。
3）转动点火钥匙到指示灯亮位置，不要起动发动机。
4）调整好座椅位置后，测试是否合适，包括与左、右侧反光镜的配合。
5）挂倒档（R），调整右后视镜的倒车时自动向下的位置。

6）长按记忆键 1 或 2、3，听到"叮"的确认声音。

7）迅速挂 P 位，关闭电源，拔出钥匙，长按钥匙上的开锁键，听到"叮"的一声就可以了。

### 2. 记忆功能的工作原理

记忆存储式后视镜和座椅控制系统的主要硬件元件包括电动机、传感器和 ECU，如图 6-8 所示。控制系统以 ECU 为核心连接各个部件，控制后视镜和座椅位置的调整。驾驶人可以调整左右后视镜的上下转动和左右转动两个位置，以及座椅的前端和垂直升降、水平滑动以及椅背角度 4 个位置。初始时，驾驶人通过按键操作，输入控制信号，信号通过 ECU 输出电动机驱动信号，驱动电动机，调整后视镜和座椅，以获得后视镜的最佳视野和座椅的最舒适位置。调整完成后，驾驶人可以同时按下存储键和任意位置键（M1、M2 或 M3），ECU 获得存储信号即可通过预先编制的存储程序，将该位置信息保存在存储器中。在需要恢复时，驾驶人只需要按下恢复键和相应的位置键，ECU 获得恢复信号即可通过预先编制的恢复程序，控制电动机工作，恢复到该位置键所对应存储的位置。

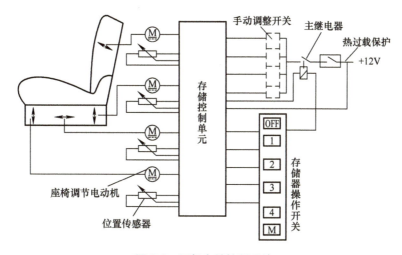

图 6-8 记忆存储控制系统

> **头脑风暴**：汽车电动座椅的记忆功能是如何实现的？
> _____
> _____

## 三、电动座椅记忆功能失效检修注意事项

### 1. 电动座椅记忆功能失效原因

（1）电气系统故障

电源问题：电动座椅记忆功能需要稳定的电源供应，如果电源出现故障，如熔丝熔断、电路断路或短路等，会导致记忆功能失效。

控制模块故障：座椅记忆功能的控制模块损坏，无法正常存储和读取座椅位置信息。

传感器故障：座椅位置传感器出现故障，不能准确反馈座椅的实际位置，影响记忆功能的准确性。

（2）操作问题

未正确设置：如果用户没有按照正确的步骤设置座椅记忆，或者在设置过程中出现操作失

误，可能导致记忆功能无法正常使用。

多人使用冲突：如果多个用户频繁调整座椅位置，且没有正确使用记忆功能的切换方式，可能会造成记忆混乱，导致记忆功能失效。

### 2. 解决方法

（1）检查电气系统

检查电源：检查座椅记忆系统的熔丝是否熔断，电路是否有断路或短路现象，确保电源供应正常。

检查控制模块：使用诊断设备对座椅记忆控制模块进行检测，确定是否存在故障，如有故障，进行维修或更换。

检查传感器：检查座椅位置传感器是否正常工作，如有问题，进行维修或更换。

（2）正确操作设置

重新设置：按照车辆使用手册中的步骤，重新设置座椅记忆功能，确保操作正确。

明确使用方式：如果有多个用户使用车辆，应明确各自的记忆位置切换方式，避免操作冲突。

##  任务实施

| 电动座椅记忆功能失效检测 | 学习工作页 | 班级： |
|---|---|---|
|  |  | 姓名： |

1. 电动座椅是通过改变电动机中_____的方向来改变电动机的转动方向，从而实现调节的。

2. 驾驶人可以用主开关控制座椅的_____。

3. 座椅开关通过控制电动机的_____连接，使电动机按所需的方向转动。

4. 只要座椅位置调定后，驾驶人按下存储器的按钮，电子控制装置就把这些_____信号储存起来，作为重新调整位置时的基准。

5. 带存储功能的电位计式电动座椅位置传感器的电动座椅，通过_____来控制座椅的调整位置。

6. 下图所示为哪两种电动座椅位置传感器？写出它们的结构并说明它们分别是如何实现控制的。

7. 写出图中部件名称,并说明座椅的记忆功能是如何实现的。

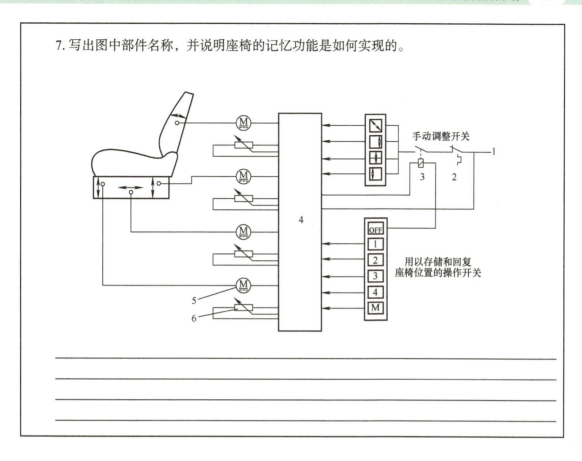

_____
_____
_____
_____

## 任务 6.3　智能座椅系统检测

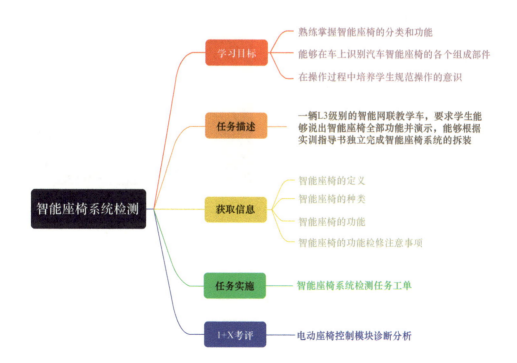

**学习目标**

**知识目标：**
1）说出智能座椅的定义。
2）熟练掌握智能座椅的分类和功能。

**技能目标：**
1）查阅车主手册，能够设定座椅系统的各种模式。
2）能够在车上识别汽车智能座椅的各个组成部件。

**素养目标：**
1）在操作过程中培养学生规范操作的意识。
2）能在工作结束后按照7S管理规定整理、恢复作业场地，养成良好的工作习惯。

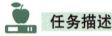 **任务描述**

一辆L3级别的智能网联教学车，要求学生能够说出智能座椅全部功能并演示，能够根据实训指导书独立完成智能座椅系统的拆装。

 **获取信息**

### 一、智能座椅的定义

自动驾驶领域日渐成熟，将催生一些全新应用场景，如休闲、娱乐、社交和健康等，传统的座椅控制系统无法满足人们新的需求。近年来无论是国外还是国内都先后掀起了智能汽车的热潮，使智能汽车获得了较为广泛的推广，智能汽车不再只是一个运输的工具，它将成为一个扮演更多角色更加人性化的"移动空间"，人们对汽车的关注点也将不再是"驾驭"，而是如何更好地利用这个"移动空间"。智能座舱的乘坐区域（即座椅区域）基于新型电子电器架构和嵌入式传感器的研发和人机交互技术的变革，通过系统的解决方案动态观测乘员的状态，并且由控制器来控制和协调该区域中的各类功能，如图6-9所示。智能座椅就是在座椅中嵌入这些作为功能载体的智能设备的同时，兼顾传统座椅舒适度的融合技术。

图6-9 智能座舱

**想一想：** 智能座椅在智能汽车中扮演怎样的角色？
_____
_____

## 二、智能座椅的种类

### 1. 按布局位置分类

智能座椅按布局位置分类,可分为驾驶人座椅、前排乘客座椅、中排座椅、后排座椅等,如图 6-10 所示。在全车座椅中,驾驶人座椅配置的功能是最齐全的,其次是特殊座椅(如老板座椅),其他座椅的功能相对比较少。

### 2. 按应用场景分类

智能座椅按应用场景分类,可分为儿童安全座椅、商务座椅、老板座椅等,如图 6-11 所示。儿童安全座椅可采用 App 一键控制模式,具有实时监控等智能化功能,父母可通过手机 App 随时观察宝贝后排动态。

图 6-10　布局位置

图 6-11　应用场景

### 3. 按旋转角度分类

智能座椅按旋转角度可分为不可旋转式、可旋转式和 360° 旋转式等。

在必要的时候,可以通过控制座椅旋转,实现前后排乘客面对面的沟通交流,就好像是一个移动会晤空间,使乘车更具社交性,如图 6-12 所示。

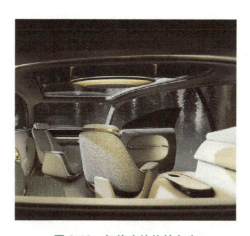

图 6-12　智能座椅旋转角度

**头脑风暴**:智能座椅根据什么进行了差异化设计?

_____

_____

### 三、智能座椅的功能

#### 1. 多向电动调节功能

同一款汽车的座椅需要满足身高和体型不一样的消费者的驾驶和乘坐需求,而且每个消费者的驾驶习惯也不尽相同,所以,汽车座椅应具备调节乘坐位置的功能,包括座椅前后调节功能、座椅高度调节功能、座椅角度调节功能、头枕上下调节功能等,如图6-13所示。这些调节功能可以通过手动或者电动调节机构来实现。配合座椅记忆功能和辨识车主后自动调节功能,能给人以无比尊贵的驾乘体验。

图6-13 多向电动调节座椅

智能座椅调节的目的如下:

1)驾驶状态下,驾驶人能够更合适地踩到制动踏板和加速踏板。

2)休息状态符合人体工程学,提高舒适性。

3)紧急状态下能够提前预警并且从平躺模式归位。

在高度和完全自动驾驶汽车中,车内无转向盘、变速杆等部件,车内空间更大,并且乘员无须操作,因此车内有条件配备可旋转0°~180°的座椅,以提高乘坐的舒适性与趣味性,乘员坐姿也会多样化,甚至可以半躺或全躺。

#### 2. 零重力功能

现代人体工程学对人体进行细致的科学研究,首先测量人体的不同部位及其周围的活动范围,并对坐姿如脊椎形状和身体压力分布等各个方面进行生理分析。其次根据身体的肌肉力量、可动区域、长度、身体特征等分析座位引起的能量消耗的变化和心理疲劳,进而寻求行动限制。最后为每个人提供最佳的标准座椅尺寸。零重力座椅可加强乘坐人员的舒适度,密切贴合人体,减少对骨骼及肌肉的压迫。因此,零重力座椅已经成为座椅发展的未来主要方向。

"零重力"要达到的就是根据人体的曲线特性,让座椅的型面与之匹配,从而达到充分贴合,让压力均匀释放。零重力座椅与普通座椅最大的别就是在座椅发泡的表面(与人体直接接触区域)贴有一层15~25mm的超软海绵,该海绵具有高衰减、硬度特低、耐久性能好等特点。零重力座椅正因为有了这层超软海绵,使坐在座椅上的乘员身体能够完全放松,为乘员提供了一种身处外太空失重时的舒适感(图6-14)。

图6-14 零重力功能

#### 3. 安全保护功能

在安全系数上,自动驾驶汽车理论上要比传统汽车高很多,因为其装备有更加先进的主动安全系统和更加周全的预碰撞系统,对于各级别的自动驾驶汽车预碰撞系统有自动制动与主动转向这两大功能,在遭遇碰撞风险时,自动驾驶汽车将同时启用制动和转向操作,从而避免碰撞或减轻碰撞强度。对于高度或完全自动驾驶汽车,还可以添加座椅主动旋转这项预碰撞新型保护方式,其工作过程为在碰撞发生前主动将座椅旋转到对乘员碰撞损伤最小的角度,如图 6-15 所示。

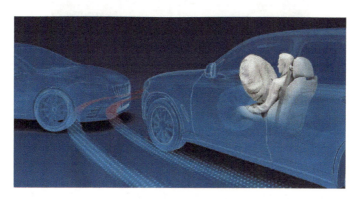

图 6-15　安全保护功能

对于高度自动驾驶汽车和完全自动驾驶汽车,车内空间较大,因此车内乘员的活动方式将更加多样化,例如将座椅旋转一定的角度,以便于与其他乘员进行交流,另外乘员的坐姿也不再固定,甚至出现半躺或全躺,这对自动驾驶汽车在碰撞中乘员的损伤保护提出了更大的挑战。

我国汽车驾驶自动化分级标准于 2021 年 1 月 1 日起正式实施,这个标准较国际标准在准确性和详细度上都更具优势,并且对自动驾驶汽车提出了更高的要求,为我国自动驾驶汽车的安全性研究奠定了良好的基础。

4. 按摩功能

为了能更加有效地缓解疲劳感,部分座椅配备了按摩功能。按摩的方式有三种:机械式、振动式和气袋式。座椅按摩功能通过周期性地调节和改变座椅形面对人体的支撑位置和支撑力度来改变驾乘人员身体受力的情况,实现减轻疲劳感的功能。汽车座椅轻量化按摩系统(LWMAS)是在智能座椅内加入气动装置,由气泵提供气压。LWMAS 在靠背上有 12 个按摩驱动器和 6 个运动驱动器。同时,这些气压腔由一个装在靠背内的电子振荡器控制,电子振荡器根据事先编写的程序改变气压腔内的压力,使智能座椅椅面随之运动,达到为驾乘人员按摩的目的(图 6-16)。

智能座椅振动预警和防侧倾功能也可利用这套执行机构。振动预警功能是当车辆监测到出现紧急危险状况时,通过采用振动座椅的方

图 6-16　按摩功能

式将振动感知直接传递给驾驶人,起到振动预警的作用。防侧倾功能的作用是当汽车转弯的时候,座椅可以从腰部给驾乘人员一个力来抵消身体左右的晃动。

5. 座椅加热功能

智能座椅内布满了加热丝,通过对加热丝通电进行加热,使座椅在短时间内逐渐升温;而通过在加热垫内设置温度传感器,则可以监控座椅温度的变化,从而控制加热丝的通断电,保持座椅加热的温度处于合适的范围。该功能可以改善冬天时座椅因长时间停放后过凉造成的乘坐不舒适感(图 6-17)。

图 6-17　座椅加热功能

有些车型的座椅，在出厂时装备有加热设备，但需要付费后通过软硬件解锁的空中下载技术（Over-the-Air，OTA）升级才能使用。

**6. 座椅通风功能**

乘客坐在座椅上时，身体与椅面紧密接触，接触部分空气不流通，不利于汗液的排除，会使人体感到不舒服。智能座椅利用风扇向座椅内注入空气，空气从椅面上的小孔中流出，从而实现通风功能，有效改善了人体与椅面接触部分的空气流通环境，即使长时间乘坐，身体和座椅的接触面也会干爽舒适。

座椅通风目前有吸风形式及吹风形式两种（图 6-18），这两种送风形式的差别在于气流形式的不同。吹风时产生的是紊流，属于主动散热，风压高但容易受到阻力损失，乘客可以明显地感受到座椅吹风，类似于夏天吹电风扇；吸风时产生的是层流，属于被动散热，风压小但气流稳定，散热功能较好，但乘客相对于吹风形式不易感知到通风功能，类似于笔记本计算机的散热风扇。

a) 吹风　　　　b) 吸风

图 6-18　座椅通风功能

**7. 减振功能**

车辆行驶在颠簸的路面上，不可避免地会有振动传递到乘员身上。人体各器官的固有频率为 3~17Hz，头部的固有频率为 8~12Hz，腹部内脏的固有频率为 4~6Hz。如果车辆行驶时的振动频率与人体的固有频率相近，就容易与人体器官产生共振，长时间的共振对人体有很大的伤害性，严重时能够导致人的死亡。

为提高乘员舒适性、减少乘员因共振而产生的伤害，各汽车厂家为此开发出了减振座椅。智能座椅的设计必须符合人体功能学已经是不争的事实，未来座椅需能够随使用者的脊柱而移动，减少道路起伏带来的振动，保证使用者身体平稳，提高驾乘体验感。减振座椅的核心部件是减振器，又叫作座椅悬架，担负着座椅的减振、高度调节、阻尼比调节等功能，因此它的设计难度大、技术要求高，制造成本也较高。

#### 8. 其他特殊功能

（1）汽车智能座椅防疲劳驾驶功能　智能座椅基于驾驶人生理指标，通过外在的电子设备侵入式地获取驾驶人的生理信号，如脑电图信号、心电图信号、眼电图信号和肌电图信号等，疲劳传感器收集这些信号，分析驾驶人的疲劳程度，向总车 ECU 传递驾驶人疲劳程度信号，ECU 经过分析处理对智能座椅发出指令。

（2）获取生物信息并调整座椅姿态的功能　为了满足智能化座椅的需求，座椅需要能获取生物信息来调整座椅位置。丰田开发了面向赛车运动的智能座椅。该座椅上搭载了各种温度、湿度和电信号传感器，可以获取赛车手的体温、出汗、心率等情况，根据这些信息对赛车手状态分析和管理，并调整座椅的位置和姿态。获取生物信息并调整座椅姿态的功能也可以用于商业化量产汽车，布置在座椅上的温度、湿度传感器获取驾乘人员的温度和出汗情况数据，并以这些信息作为通风和加热功能启动和停止的指示信息。监控获得的心率情况等生理信息还可以作为无人驾驶汽车中驾驶控制模式切换的输入信号指标。

### 四、智能座椅的功能检修注意事项

智能座椅出现故障可以从电气系统故障和机械部件故障两方面分析。

#### 1. 电气系统故障

（1）故障原因

电源问题：座椅的电源供应出现故障，可能是熔丝熔断、电路断路或短路等原因导致座椅无法获得电力。

控制模块故障：智能座椅的控制模块损坏，无法接收指令或控制座椅的各项功能。

传感器故障：座椅上的传感器，如位置传感器、压力传感器等出现故障，影响座椅的自动调节功能。

（2）解决方法

检查电源：检查座椅的熔丝是否熔断，电路是否有断路或短路现象，确保座椅有稳定的电源供应。

检查控制模块：使用诊断设备对座椅的控制模块进行检测，确定是否存在故障，如有故障，进行维修或更换。

检查传感器：检查座椅上的传感器是否正常工作，如有故障，进行维修或更换。

#### 2. 机械部件故障

（1）故障原因

电机故障：驱动座椅调节的电机损坏或卡住，无法实现座椅的位置调整、靠背角度调节等功能。

传动机构故障：座椅的传动机构，如齿轮、齿条、丝杠等出现磨损、损坏或卡滞，导致座椅调节不顺畅或无法调节。

连接部件松动或损坏：座椅的连接部件，如螺栓、铰链等松动或损坏，影响座椅的稳定性和功能。

（2）解决方法

检查电动机：检查座椅电动机是否正常运转，如有异常声音或无法转动的情况，可能需要更换电动机。

检查传动机构：检查座椅的传动机构是否顺畅，如有卡滞或磨损现象，进行维修或更换。

检查连接部件：检查座椅的连接部件是否松动或损坏，如有问题，进行紧固或更换。

**任务实施**

| 智能座椅系统检测 | 学习工作页 | 班级： |
|---|---|---|
|  |  | 姓名： |

1. 智能座椅和传统的电动座椅有什么区别？
_____

2. 智能座椅是如何进行分类的？
_____

3. 结合图示说明智能座椅是如何实现在碰撞中对乘员损伤保护的。

_____

4. 查阅资料，说一说你了解哪些汽车智能座椅的供应商？他们有哪些著名的产品？
_____

5. 作为用户，你认为智能座椅要满足哪些需求？查阅资料，说一说汽车智能座椅的发展趋势。
_____

# 项目 7 汽车防盗系统

## 情境描述

随着汽车数量的增多，车辆被盗的数量也逐年上升，广大汽车用户对汽车防盗性能方面有更高的需求。汽车防盗系统可在有人擅自打开车门时，通过与其相关联的声光电路立即启动报警，并且在发动机起动时会自行熄火，达到防盗的目的。

随着科学技术的进步，为对付不断升级的盗车手段，人们研制出各种方式、不同结构的防盗器。此外，各国政府也针对汽车防盗性能制定了严格的法律，同时微电子技术的进步也推动了汽车制造厂商对汽车防盗技术进行研究和升级。

科学技术的进步使汽车防盗系统不断提升，减少了汽车被盗的风险，有效地保护了人们的财产安全。汽车防盗系统由以前单纯的机械钥匙防盗技术走向电子防盗、GPS 防盗、生物特征式电子防盗。这些技术的应用，让除车主之外，任何人想开动或撬动、拆卸或击打汽车、偷窃轮胎以及车上物品变得越来越困难。未来汽车防盗系统将向着更加多元化、网络化、可视化和便捷化发展。

## 任务 7.1 中控门锁失灵检测

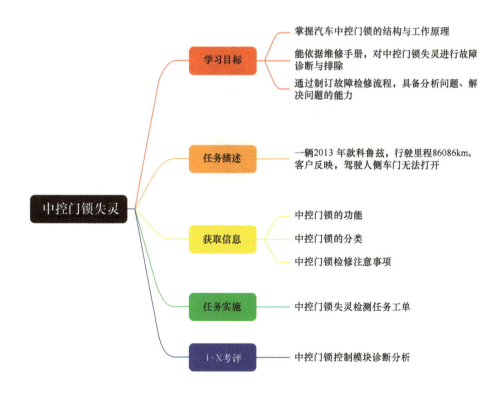

**学习目标**

**知识目标：**
1）掌握汽车中控门锁的结构与工作原理。
2）能准确分析汽车中控门锁控制电路。

**技能目标：**
1）掌握中控门锁的拆装方法。
2）能依据维修手册，对中控门锁失灵进行故障诊断与排除。

**素养目标：**
1）通过制订故障检修流程，具备分析问题、解决问题的能力。
2）能在工作结束后按照7S管理规定整理、恢复作业场地，养成良好的工作习惯。
3）以案例引导学生讨论，培养学生的安全防范意识。

 **任务描述**

一辆2013年款科鲁兹，行驶里程86086km。客户反映，驾驶人侧车门无法打开。经维修技师诊断，发现驾驶人侧车门把手开关故障，维修后故障排除。请根据该故障现象制订一份汽车中控门锁失灵故障检修方案，完成中控门锁失灵故障诊断与排除。

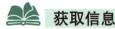 **获取信息**

### 一、中控门锁的功能

汽车中控门锁有中央控制功能、速度控制功能以及单独控制功能，其按键如图7-1所示。

图7-1 汽车中控门锁控制按键

中央控制功能就是对4个车门的闭锁和开启实行集中控制。中控门锁锁住身边的车门时，其他车门也同时锁住，驾驶人通过门锁开关，可同时打开各个车门，也可单独打开某个车门。

速度控制就是行车速度达到一定值时，各个车门能自行锁定。

单独控制就是除驾驶人侧车门以外的其他车门均设置有单独的弹簧锁开关，可独立地控制一个车门的打开和锁住，这样可以极大地保证驾驶人以及乘坐人的生命财产安全。

> **想一想**：驾驶人通过对其身边的中控门锁操作，可以实现哪些功能？
> _____
> _____

## 二、中控门锁的分类

中控门锁按结构形式的不同，一般有双向空气压力泵式和微型直流电动机式两种。

### 1. 双向空气压力（双压）泵式中控门锁

双压泵式中控门锁利用双向空气压力泵产生压力或真空，通过门锁执行元件（膜盒）来完成门锁的开关动作。双压泵式轿车中控门锁系统元件位置如图7-2所示。中控门锁控制单元与双向压力泵装在一个塑料盒内，安装在后排座椅下面，用插头与中央线束连接。中控门锁系统控制电路原理如图7-3所示。

7.1 中控电路分析

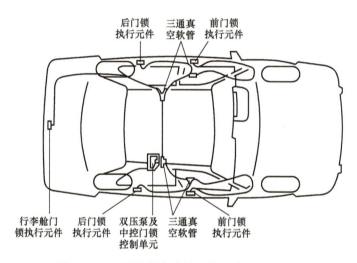

图7-2 双压泵式轿车中控门锁系统元件布置图

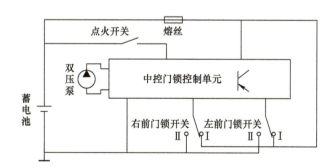

图7-3 双压泵式轿车中控门锁系统控制电路原理图

### 2. 电动机式中控门锁

直流电动机式中控门锁利用控制直流电动机的正反转来实现门锁的开、关动作。它主要由门锁开关、双向直流电动机、传动机构、执行机构及继电器和导线等组成。

（1）电动中控闭锁装置　中控闭锁装置是由电动闭锁器、控制器和连接部件等组成，如图7-4所示，可以由驾驶人集中开闭汽车的前左、后左、前右、后右及行李舱等5个门锁。

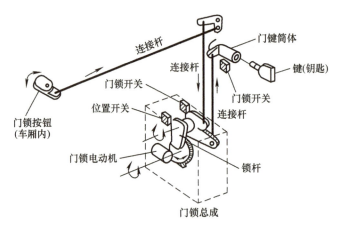

图 7-4 中控闭锁装置

（2）执行机构　执行机构的作用是根据电路中电流方向的不同而实现闭锁或开锁，常用的门锁执行机构有电磁线圈或直流电动机，如图 7-5 所示。

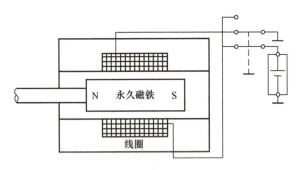

图 7-5 直流电动机式门锁执行机构

**试一试**：两种结构的门锁各有什么特点？
_____
_____

## 三、中控门锁检修注意事项

### 1. 中控门锁失效原因

1）门锁电机故障：门锁电机损坏或卡住，无法执行开锁或关锁动作。

2）门锁机构故障：门锁机构中的连杆、锁扣等部件出现变形、损坏或卡滞，影响门锁的正常工作。

### 2. 解决方法

1）检查门锁电动机：通过听声音、触摸等方式判断门锁电动机是否工作正常，如有问题，更换电动机。

2）检查门锁机构：检查门锁机构的各个部件是否正常，如有变形、损坏或卡滞，进行修复或更换。

## 任务实施

| 中控门锁失灵检测 | 学习工作页 | 班级： |
|---|---|---|
| | | 姓名： |

1. 写出中控门锁装置的功能，并根据给出的功能介绍判断是何种功能。

| 功能 | 功能介绍 |
|---|---|
| | 对4个车门的闭锁和开启实行集中控制的中控门锁。驾驶人通过中央控制锁住身边的车门时，其他车门也同时锁住，驾驶人通过门锁开关，可同时打开各个车门，也可单独打开某个车门 |
| 速度控制 | |
| | 除驾驶人侧车门以外的其他车门均设置有单独的弹簧锁开关，可独立地控制一个车门的打开和锁住，这样可以极大地保证驾驶人以及乘坐人的生命财产安全 |

2. 汽车的中控门锁可以分为哪几类？
_____
_____

3. 写出图中所指零部件。

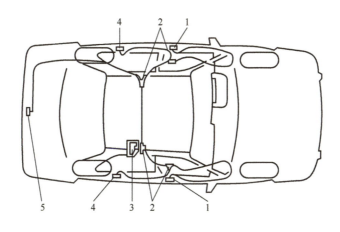

1 _____ 2 _____ 3 _____ 4 _____ 5 _____

4. 车窗开关和驾驶人侧车门的闭锁装置都不能正常工作，猜测可能是控制计算机的电流异常。在下表中补充有关电流检查的内容。

| 检查 | 测量点1 | 测量点2 | 实际值/V | 理论值/V |
|---|---|---|---|---|
| 正极 | | | 12 | |
| 负极 | | | 12 | |

5. 上题中的故障原因是什么，应采取什么措施排除故障？
_____
_____

6. 图中所示为什么结构？能实现什么功能？

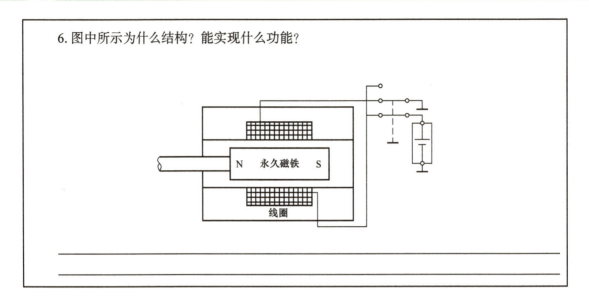

_____

_____

## 任务 7.2　防盗遥控器失效检测

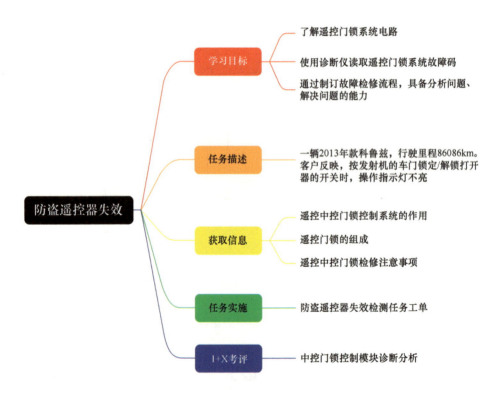

 **学习目标**

知识目标：

1）说出遥控中控门锁系统的作用。

2）了解遥控门锁系统电路。

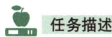 **技能目标：**
1）查阅电路图册，找到中控门锁各组成部分的位置。
2）使用诊断仪读取遥控门锁系统故障码。

 **素养目标：**
1）在操作过程中树立规范操作的意识。
2）通过制订故障检修流程，具备分析问题、解决问题的能力。
3）能在工作结束后按照7S管理规定整理、恢复作业场地，养成良好的工作习惯。
4）以案例引导学生讨论，培养学生的道路安全意识。

### 任务描述

一辆2013年款科鲁兹，行驶里程86086km。客户反映，按发射机的车门锁定/解锁打开器的开关时，操作指示灯不亮。经维修技师诊断，发现安全发光二极管故障，维修后故障排除。请根据该故障现象制订一份汽车安全指示灯不亮故障检修方案，完成汽车安全指示灯不亮的故障诊断与排除。

### 获取信息

中控门锁的无线遥控功能是指不用把钥匙插入锁孔中就可以远距离开门和锁门，如图7-6所示。

图7-6 中控门锁无线遥控功能

## 一、遥控中控门锁控制系统的作用

为了便于操作，现在很多汽车的中控门锁系统均配备了遥控发射器来实现锁门和开门等功能。无线电门锁遥控系统的功能根据车型、等级和地区有所不同。

7.2 汽车遥控门锁系统的作用、组成及电路

（1）所有车门的锁定/解锁功能 按发射机的"LOCK"开关/"UNLOCK"开关，对所有车门锁止/开锁。

（2）两步开锁功能 在驾驶人车门开锁后，在3s之内按"UNLOCK"开关两次，打开所有车门。

（3）应答功能 当锁定时，危险报警闪光灯闪光一次，解锁时闪光两次，通知操作已经完成。

（4）发射机操作校验功能 按发射机的车门锁定/解锁或行李舱门打开器的开关时，操作

指示灯点亮，通知系统正在发射此信号，如果电池用完，此灯不亮。

（5）行李舱门打开功能　保持发射机的行李舱门打开开关按住超过大约1s，打开行李舱门。

（6）电动车窗开/关的功能　钥匙插入点火开关锁芯时，如果按下车门开锁/锁止开关长于2.5s，所有的车门窗可以打开或关闭。当开关按住时，电动车窗的开/关操作继续进行，当开关不按时，操作停止。

（7）紧急警报功能　按住发射机的门锁或紧急开关长于2~3s，将触发防盗系统（喇叭发出声音、前照灯、尾灯和危险报警闪光灯闪光）。

（8）内部照明功能　在发射机对车门开锁的同时，内部灯光打开大约15s。

（9）自动锁定功能　如果用发射机开锁后30s之内，没有车门被打开，所有车门被锁止。

（10）重复功能　当发射机进行锁定操作时，如果某一车门没有锁上，组合继电器将1s后输出一个锁定信号。

（11）车门虚掩报警功能　如果有一个车门开着或虚掩着，按发射机的门锁开关将致使无线电门锁蜂鸣器发声大约10s。

（12）安全功能　在来自发射机的无线电波的某一部分中有按照某一固定规律变化的滚动代码。当车门控制接收机收到来自发射机的信号时，接收机先储存此滚动代码，当接收机收到下一个无线电波时，接收机将此代码与车辆自身的代码进行核对，这样可以提高安全性。

为了防止车窗开着时用一棒或等同物在门玻璃和门框之间的空间操纵门锁控制开关（手动操纵）而打开此门，用发射机（包括自动锁定功能）执行的锁定操作将设置门锁的安全功能，禁止通过车门控制开关（供手工操作用）来进行开锁操作。

（13）发射机识别密码注册功能　在EEPROM中能注册（写和存储）四个发射机识别密码，此EEPROM包括在车门接收器中。在重写识别密码、核查注册代码或丢失发射机时，可以擦掉代码并使无线电门锁遥控功能无效。

> **想一想**：请各位同学操作一下遥控门锁的这些功能，观察一下车辆有无异常？
> _____
> _____

## 二、遥控门锁的组成

无线电门锁遥控系统包括下列部件，如图7-7所示。

（1）发射机　发射机用锂电池操作。当按开关时，它将信号变成无线电波信号发送到车门控制接收器。发射机有钥匙内装型和钥匙座类型两种。

发射机发射的无线电波（信号）的频率范围为300~500MHz，国家不同，频率不同（老型号发射机的频率为30~70MHz）。

（2）车门控制接收器　车门控制接收器接收来自发射机的信号，并将操作信号传输到集成继电器。

（3）集成继电器　集成继电器根据各开关传来的输入信号检测运行情况，并按照来自车门控制接收器的操作信号向门锁装置输出锁定/解锁信号。

（4）钥匙开锁警告开关　钥匙开锁警告开关检测是否有钥匙插入点火开关锁芯中。

（5）点火开关

（6）门控开关

（7）门锁装置

项目 7　汽车防盗系统

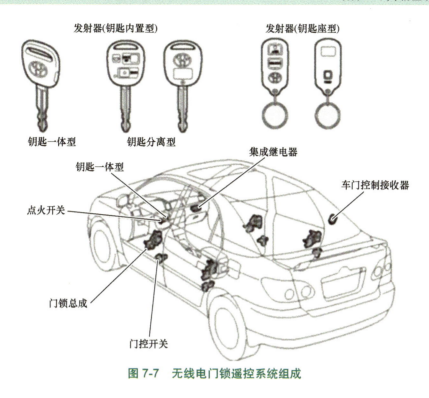

图 7-7　无线电门锁遥控系统组成

**试一试**：分析汽车遥控钥匙失灵，是由哪些原因导致的？

_____

_____

### 三、遥控中控门锁检修注意事项

#### 1. 遥控中控门锁失效原因

（1）车辆接收装置问题

接收天线故障：接收天线损坏、断线或接触不良，无法正常接收遥控器信号。

接收模块故障：接收模块出现故障，不能正确解码遥控器信号。

（2）电路故障

连接电路断路或短路：遥控器与车辆接收装置之间的连接电路出现断路、短路等问题，导致信号无法传输。

熔丝熔断：中控门锁系统的熔丝熔断，使系统无法正常工作。

#### 2. 解决方法

（1）检查车辆接收装置

检查接收天线：检查接收天线的连接是否良好，如有损坏，进行修复或更换。

检查接收模块：使用诊断设备对接收模块进行检测，确定是否存在故障，如有故障，进行维修或更换。

（2）检查电路

检查连接电路：检查遥控器与车辆接收装置之间的电路是否存在断路、短路等问题，如有问题，进行修复。

检查熔丝：检查中控门锁系统的熔丝是否熔断，如有熔断，更换熔丝，并查找熔断原因。

**任务实施**

| 防盗遥控器失效检测 | 学习工作页 | 班级： |
|---|---|---|
| | | 姓名： |

1. 汽车遥控门锁系统有哪些部件？

_____

_____

2. 写出遥控中控门锁控制系统的功能，并根据给出的功能介绍判断是何种功能。

| 功能 | 功能介绍 |
|---|---|
| | 按发射机的"LOCK"开关／"UNLOCK"开关，对所有车门锁止／开锁 |
| | 当锁定时，危险报警闪光灯闪光一次，解锁时闪光两次，通知操作已经完成 |
| 行李舱门打开功能 | |
| | 钥匙插入点火开关锁芯时，如果按下车门开锁／锁止开关长于2.5s，所有的车门窗可以打开或关闭。当开关按住时，电动车窗的开／关操作继续进行，当开关不按时，操作停止 |
| | 按住发射机的门锁或紧急开关长于2~3s，将触发防盗系统（喇叭发出声音、前照灯、尾灯和危险报警闪光灯闪光） |
| 内部照明功能 | |
| 自动锁定功能 | |
| 重复功能 | |
| 车门虚掩报警功能 | |
| | 在来自发射机的无线电波的某一部分中有按照某一固定规律变化的滚动代码。当车门控制接收机收到来自发射机的信号时，接收机先储存此滚动代码，当接收机收到下一个无线电波时，接收机将此代码与车辆自身的代码进行核对，这样可以提高安全性 |

3. 写出图中所指零部件及其含义。

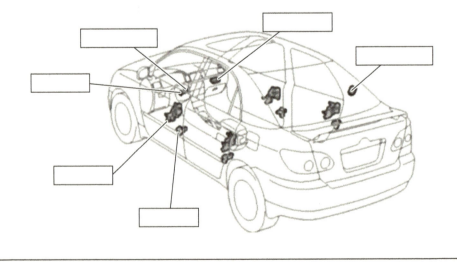

_____

_____

_____

4.描述通过无线电远程遥控闭锁的过程。
_____
_____
_____

5.为了防止车窗开着时，在车窗玻璃和门框之间的空间操纵门锁控制开关（手动操纵）打开车门，用发射机（包括自动锁定功能）执行的锁定操作将设置门锁的_____功能，禁止通过_____来进行开锁操作。

# 项目 8 汽车辅助约束系统

## 情境描述

在当今智能化技术发展的促进下,汽车的安全技术也越来越智能化,效率越来越高,为人们的生命安全提供有力的保障。在被动安全技术中,出现了气囊式安全带、智能化安全气囊等。安全带与安全气囊组合使用可以最大限度地保护驾乘人员的安全。

## 任务 8.1 安全气囊警告灯常亮检测

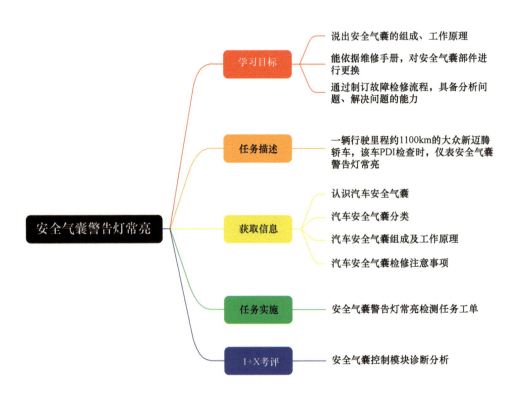

### 学习目标

**知识目标:**
1) 说出安全气囊的功用、分类。
2) 说出安全气囊的组成、工作原理。
3) 明确安全气囊检修时的注意事项。

**技能目标:**
1) 能够使用专用仪器排除安全气囊系统故障。
2) 能依据维修手册,对安全气囊部件进行更换。

**素养目标:**
1) 在操作过程中树立安全意识。
2) 通过制订故障检修流程,具备分析问题、解决问题的能力。
3) 能在工作结束后按照 7S 管理规定整理、恢复作业场地,养成良好的工作习惯。

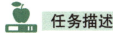

一辆行驶里程约 1100km 的大众新迈腾轿车,该车 PDI 检查时,仪表安全气囊警告灯常亮。要求检查并排除车辆出现安全气囊警告灯常亮的故障,并制订工作过程和步骤。

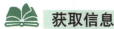

### 一、认识汽车安全气囊

安全气囊(Air Bag),是辅助约束系统(Supplemental Restraint System,SRS)中起缓冲作用的一种装置,如图 8-1 所示。SRS 是汽车安全带的辅助装置,只有在使用安全的前提下 SRS 才能充分发挥保护乘员的作用。

图 8-1 汽车安全气囊

8.1 安全气囊认知

当汽车发生碰撞时,汽车与汽车或汽车与障碍物之间的碰撞称为第一次碰撞。第一次碰撞导致汽车速度的急剧变化,由于惯性的作用,车上的乘员向前运动,于是发生车内乘员与车内结构件之间的第二次碰撞,事故中造成乘员伤害的主要原因是第二次碰撞。

为了减轻和避免驾驶人及乘员在第二次碰撞中受伤害,乘员保护系统的设计目标是在碰撞中利用约束系统(包括座椅、安全带、安全气囊等)避免或减缓乘员与车内结构件碰撞造成的伤害。汽车安全气囊的基本思想是:在发生第一次碰撞后,第二次碰撞前起爆充气,迅速地在乘员和汽车内部构件之间插入一个充满气体的气囊,让乘员"扑"在气囊上,通过气囊上的排气节流阻力吸收乘员的动能,缓冲前排乘员向前的冲力,使猛烈的第二次碰撞得以减缓,以达到保护乘员的目的。现代轿车普遍装有驾驶人和前排乘员气囊,在一些高级轿车上还装有侧部头部和膝部气囊,以最大限度保护车内乘员的生命安全。

*想一想*：汽车上常见的安全气囊有几个？
_____
_____

## 二、汽车安全气囊分类

### 1. 按照气囊的数量来分

按照气囊的数量，汽车安全气囊分为单气囊系统（只装在驾驶人侧，图 8-2a）、双气囊系统（驾驶人侧和副驾驶人侧各有一个安全气囊，图 8-2b）和多气囊系统（前排安全气囊、后排安全气囊、侧面安全气囊，图 8-3）。

a) 单气囊系统

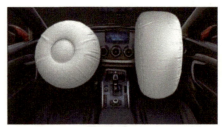
b) 双气囊系统

图 8-2　单气囊和双气囊系统

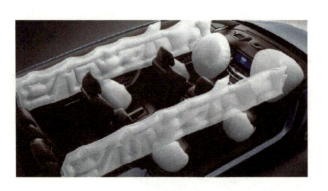

图 8-3　多气囊系统

### 2. 按照气囊的大小来分

按气囊的大小，汽车安全气囊可分为保护全身的安全气囊、保护整个上身的大型气囊和主要保护面部的小型护面气囊。

### 3. 按充气装置点火系统来分

按充气装置点火系统，汽车安全气囊分为电子式与机械式。

### 4. 按照保护对象的不同来分

（1）驾驶人防撞安全气囊　驾驶人防撞安全气囊装在转向盘上，分美式和欧式两种。

美式气囊是考虑到驾驶人若没有系座椅安全带而汽车相撞时起保护作用，其体积较大，约 60L。

欧式气囊是假定驾驶人系座椅安全带而设计的，其体积较小，约 40L。日本的安全气囊也属于此类。近年来，由于安全气囊的生产成本下降，日本防撞安全气囊规格有所增加，如本田轿车的驾驶人防撞安全气囊的体积为 60L。

（2）前排乘员防撞安全气囊　由于副驾驶位置乘员在车内位置不固定且前方空间较大，因此为保护其撞车时免受伤害，设计的防撞安全气囊也较大，美式的约160L，欧式的约75L（后者考虑了乘员受座椅安全带的约束）。

（3）后排乘员防撞安全气囊　装在前排座椅上，防止后排乘员在撞车时受到伤害。

（4）侧面防撞安全气囊　装在车门上，防止驾驶人及乘员受侧面撞击。

（5）智能型安全气囊　为了克服普通安全气囊系统的不足，正在研制的新一代安全气囊被称为智能型安全气囊（Smart Air Bag）。智能型安全气囊比一般安全气囊增加了以下几种功能。

1）检测乘员是否系上座椅安全带。
2）检测乘员乘坐位置。
3）检测儿童座椅。
4）调控安全气囊充气膨胀力。
5）检测座椅上是否有乘员。
6）检测气温。

**头脑风暴：** 你还知道哪些新型安全气囊？
_____
_____

### 三、汽车安全气囊组成及工作原理

#### 1. 组成

汽车安全气囊主要由传感器、气囊组件、气体发生器、电控装置（ECU）等组成，如图8-4所示。

8.1　安全气囊系统工作原理

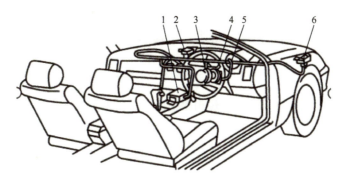

**图8-4　电子控制式安全气囊的组成**
1—中央气囊传感器总成　2—前部碰撞传感器（左）　3—气囊与充气装置
4—螺旋电缆　5—气囊警告灯　6—前部碰撞传感器（右）

#### 2. 工作原理

无论汽车遭受正面碰撞还是侧面碰撞，安全气囊系统的控制原理都是一样的。如图8-5所示，以正面碰撞为例来说明安全气囊系统的控制原理。

当汽车遭受前方一定角度范围内的碰撞时，安装在汽车前部和安全气囊ECU内部的碰撞传感器都会检测到汽车突然减速的信号，并将信号输入安全气囊ECU，以便判断是否发生碰撞。

当汽车遭受碰撞且减速度达到设定阈值时，安全气囊 ECU 发出指令，控制气体发生器内点火器（电管）电路接通，使点火器引爆，点火剂（引药）受热爆炸（电热丝通电发热引爆炸药）产生大量热量，使充气剂（叠氮化钠固体药片）受热分解并释放出大量氮气充入气囊，气囊冲开气囊组件上的装饰盖并鼓向驾驶人或乘员，使驾驶人或乘员面部和胸部压靠在充满气体的气囊上，在人体与车内构件之间铺垫一个气垫，将人体与车内构件之间的碰撞变为弹性碰撞，通过气囊产生变形和排气节流来吸收人体碰撞产生的动能，从而达到保护人体的目的。

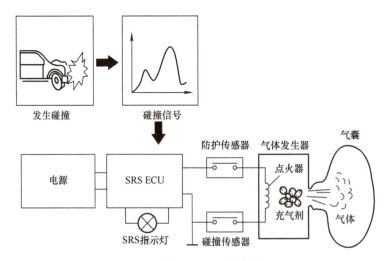

图 8-5　安全气囊系统控制原理

### 3. 工作过程

某汽车以 50km/h 的车速与前方障碍物发生碰撞，安全气囊系统的动作过程如图 8-6 所示。

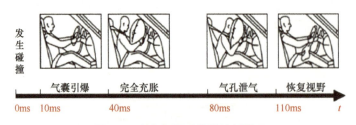

图 8-6　安全气囊系统的控制原理

1）发生碰撞 10ms 后，达到引爆系统引爆极限，点火器点燃气体发生器产生氮气，驾驶人仍然直坐着。

2）40ms 后，气囊已完全充胀，驾驶人向前移动，安全带斜系在驾驶人身上并被拉长，部分冲击能量已被吸收。

3）80ms 后，驾驶人的头及身体上部沉向气囊，气囊后面的排气孔将氮气在一定压力下匀速逸出。

4）110ms 后，驾驶人向后移动回到座椅上，大部分气体从气囊中逸出，前方恢复清晰视野。

## 四、汽车安全气囊检修注意事项

1）安装与维修工作只能由专业人员来完成。

2）为了防止气囊的意外引爆，在对气囊系统进行任何操作

8.1　安全气囊总成的拆装

时，均应取下蓄电池的负极，等待足够长的时间以后才能进行操作。

3）不要使 SRS 部件受到 85℃以上的高温。

4）在气囊的拆卸和更换过程中，应注意不要使用冲击扳手或锤子等工具，以免气囊受振动后意外爆炸。

5）严禁在气囊上进行电阻或电压测量一类的电气检查，以免造成气囊误爆。

6）严禁分解气囊。气囊中没有任何可以维修的零部件，一经引爆，则不能再对其进行修理或再次使用。

7）拆下的气囊应使其表面朝上放置，切勿在气囊总成上放置任何物体。

8）为防止损坏气囊总成，应使其远离任何油脂、清洁剂和水等。

9）在安装任何 SRS 零部件之前均应仔细检查，不应安装任何表面有凹陷、裂纹或变形等现象的零件。

10）SRS 的线束外部均为专业黄色绝缘皮，严禁改动或修复 SRS 线束。若 SRS 线束有开裂或破损现象，则应更换新线束。

11）气囊装置有更换日期，即使不撞车，到期后也需要更换。

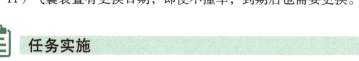

8.1 安全气囊报警指示灯常亮的故障检修

## 任务实施

| 安全气囊警告灯常亮检测 | 学习工作页 | 班级： |
| --- | --- | --- |
| | | 姓名： |

1. 当汽车发生碰撞时，何为一次碰撞，何为二次碰撞？

___

2. 请解释安全气囊系统的定义和作用。

___

3. 请列举安全气囊系统的分类方式，每种分类分别包含哪些气囊？

___

4. 请写出以下序号所代表的部件名称。

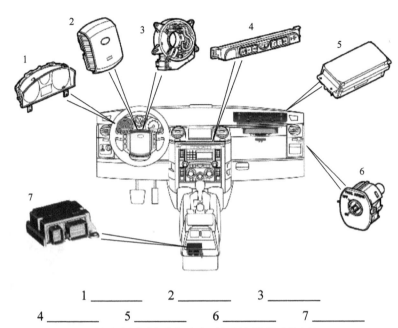

1 _____  2 _____  3 _____
4 _____  5 _____  6 _____  7 _____

5. 依据下图，以正面碰撞为例来说明安全气囊系统的控制原理。

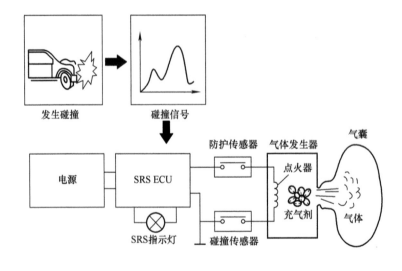

_____
_____
_____
_____
_____

6. 安全气囊检修工作必须由专业人员来完成，请简述检修过程中的注意事项。

_____
_____
_____

## 任务 8.2　安全带警告灯不亮检测

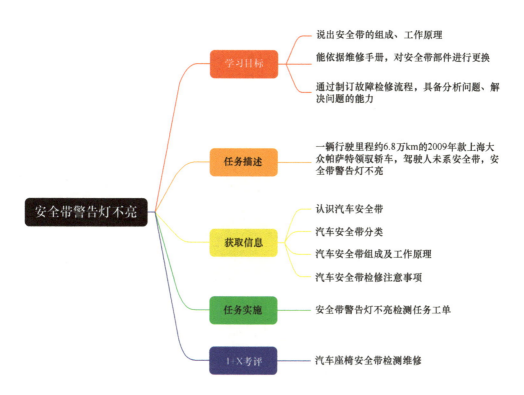

### 学习目标

**知识目标：**
1）说出安全带的功用、分类。
2）说出安全带的组成和工作原理。
3）明确安全带检修时的注意事项。

**技能目标：**
1）能够使用专用仪器排除安全带故障。
2）能依据维修手册，对安全带部件进行更换。

**素养目标：**
1）在操作过程中树立安全意识。
2）通过制订故障检修流程，具备分析问题、解决问题的能力。
3）能在工作结束后按照 7S 管理规定整理、恢复作业场地，养成良好的工作习惯。

### 任务描述

一辆行驶里程约 6.8 万 km 的 2009 年款上海大众帕萨特领驭轿车，驾驶人未系安全带，安全带警告灯不亮。要求检查并排除车辆出现安全带警告灯不亮的故障，并制订工作过程和步骤。

## 获取信息

### 一、认识汽车安全带

安全带又称为安全带紧急自动锁紧装置（ELR），如图 8-7 所示。当汽车遇到意外情况紧急制动时，它可以将驾驶人和乘客束缚在座椅上，乘员的头部、胸部不至于向前撞到转向盘、仪表板及风窗玻璃上，避免乘员受到二次碰撞的伤害。

8.2 安全带认知

图 8-7 安全带

安全带与安全气囊系统统称为辅助约束系统，如图 8-8 所示，属于被动安全保护装置。

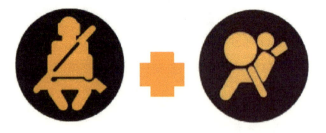

图 8-8 辅助约束系统

**想一想**：如果行车过程中未佩戴安全带会有什么危害？

_____

_____

### 二、汽车安全带分类

**1. 按照固定方式来分**

1）两点式安全带，也称为安全腰带。
2）斜挂式安全带，也称安全肩带。
3）三点式安全带。
4）全背带式安全带。

**2. 按照智能化程度分**

按照智能化程度，安全带分为被动式安全带和自动式安全带。被动式安全带需要乘员自己佩戴，而自动式安全带不需要乘员操作就能自动提供保护。目前大部分汽车装配的都是被动式安全带。

#### 3. 按作用原理分

分为普通机械作用安全带和燃爆式安全带。

**头脑风暴**：你还知道哪些新型安全带？
_____
_____

### 三、汽车安全带组成及工作原理

#### 1. 组成

轿车的安全带由织带、安装固定件和卷收器等部件组成。标准三点式安全带的结构如图 8-9 所示。

织带是安全带的主体，多用尼龙、聚酯、维尼纶等合成纤维编织而成，宽约 50mm，厚约 1.5mm，具有足够的强度、延伸性能和吸收能量的性能。

安装固定件是与车体或座椅构件相连接的耳片、插件和螺栓等，它们的安装位置和牢固性直接影响到安全带的保护效果和乘员的舒适感。

卷收器是用来储存织带和锁止织带拉出的。

现在常用的燃爆式安全带还有安全带控制系统，包括碰撞防护传感器、中心碰撞传感器、前碰撞传感器、电控单元（ECU）和安全带收紧器，其中安全带收紧器为执行器。

8.2 安全带工作原理

#### 2. 工作原理

卷收器是安全带的主要工作部件，依据其工作原理不同，现代汽车安全带一般分为紧急锁止式和预紧式两种。

紧急锁止式安全带应用较广泛，其组成如图 8-10 所示。

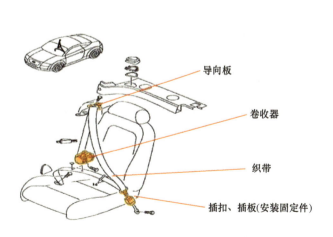

图 8-9　标准三点式安全带的结构

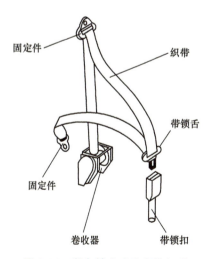

图 8-10　紧急锁止式安全带组成

卷收器主要由惯性卷筒、卷筒轴、棘爪、棘轮机构和离合器等组成，如图 8-11 所示。当汽车正常行驶时，卷收器借助平衡弹簧的作用，既能随乘员身体的移动而自由伸缩，又不会使织带松弛。但当车辆遇到碰撞、紧急制动或车辆行驶状态急剧变化时，卷收器内的敏感元件将驱动锁止机构锁住卷轴,使织带固定在某位置上,并承受使用者身体加给制动的载荷。

预紧式安全带的特点是当汽车发生碰撞事故的一瞬间,乘员尚未向前移动时,卷收器会自动将安全带往回拉一段距离,以消除安全带与身体之间的间隙,减小乘员的位移,然后锁止织带,防止乘员身体前倾,有效保护乘员的安全。

预紧式安全带的卷收器与普通安全带不同,除了普通卷收器的收放织带功能外,还具有当车速发生急剧变化时,能够在 0.1s 左右加强对乘员的约束力,因此它还有控制装置和预拉紧装置。

现代轿车预紧式卷收器的控制装置一般采用电子式控制装置(E 型),这种预紧式安全带通常与辅助安全带组合使用。该系统由电子触发装置(与气囊共享)、安全带卷收器、能量储备装置等组成。

当 ECU 检测到汽车加速度的不正常变化时,经过 ECU 处理将信号发送至卷收器的控

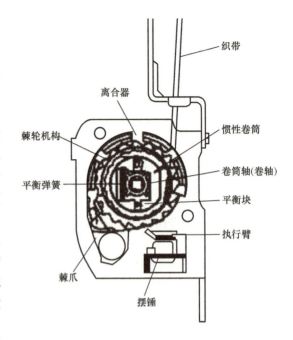

图 8-11 卷收器组成

制装置,当超过给定的减速度界限值时,电子控制系统便发出点火指令,通过点燃触发器内的工作介质,形成高压,推动活塞在液流管内运动,管内的液流以较高的速度冲向棘轮的叶片,棘轮便带着安全带卷筒转动,使安全带能够进一步勒紧乘员的身体。

收紧机构的具体构造因制造厂家的不同而有差异,但工作原理均相同。图 8-12 所示为一种常见形式,它由气体发生器(图中未示出)、缸筒、活塞及与活塞连在一起的拉索等组成。

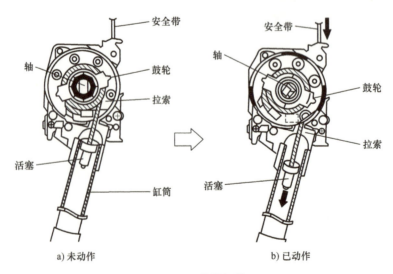

图 8-12 收紧机构

当收紧器动作时,由气体发生器释放出的大量气体迫使活塞向下运动。由于拉索与活塞连在一起,所以活塞带动拉索使鼓轮向收紧安全带的方向转动,从而使安全带收紧。当收紧一定长度后,安全带便无法被拉出或回缩。

图 8-13 所示为奥迪 A6 轿车安全带收紧器的工作原理图，其卷收机构中有一套爆炸装置，触发时借助爆炸的能量推动卷收器转动，从而实现收紧的作用。

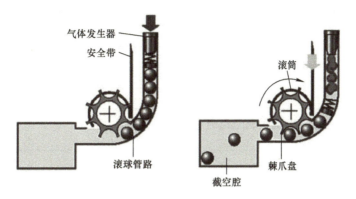

图 8-13　奥迪 A6 轿车安全带收紧器的工作原理图

该收紧器由一个传感器负责收集撞车信息，然后释放出电脉冲，该脉冲传递到气体发生器上，引爆气体。爆炸气体在管道内迅速膨胀，压向所谓的球链，使球在管路内往前窜，带动棘爪盘转动（棘爪盘跟轴连为一体，安全带就绕在轴上）。也就是气体压力使球移动，球带动棘爪盘转动，棘爪盘带动轴转动瞬间实现了安全带的预收紧功能。从感知碰撞事故到完成安全带预收紧仅持续千分之几秒。

### 四、汽车安全带检修注意事项

1）一些安全带和卷收器必须按整套维修更换部件进行维修，不要试图对成套的部件进行单独维修。

2）只使用正确的安全带固定螺栓和螺钉。

3）确保在车辆座椅位置上使用正确零件号的更换件，不要用不同座椅位置的安全带来替换。

8.2　安全带报警指示灯不亮故障的检修

4）避免让安全带接触带有尖角和有害的物体，避免弯折或损坏安全带扣锁或锁舌的任何部件。

5）如果安全带有任何切口或损坏，请予以更换。

6）不要对安全带织带进行漂白或染色，只使用中性肥皂水溶剂和柔软的刷子或布来清洁安全带。

### 任务实施

| 安全带警告灯不亮检测 | 学习工作页 | 班级： |
|---|---|---|
| | | 姓名： |

1. 简述汽车安全带的定义和作用。

_____
_____
_____
_____

2. 安全带可以如何进行分类？
_____
_____
_____
_____

3. 请写出标准三点式安全带的结构组成及各部分的作用。
_____
_____
_____
_____
_____

4. 请写出以下序号所代表的部件名称。

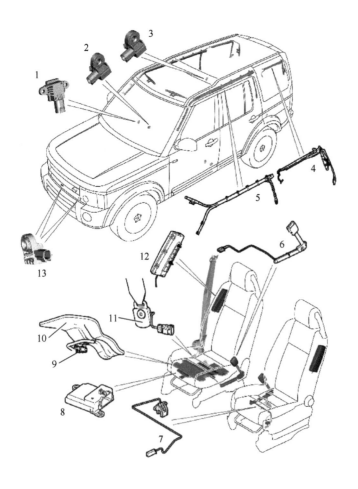

1 _____
2 _____
3 _____
4 _____
5 _____
6 _____
7 _____
8 _____
9 _____
10 _____
11 _____
12 _____
13 _____

5. 请补充各部件并写出奥迪 A6 轿车安全带收紧器的工作原理。

_____
_____
_____
_____

6. 请简述安全带检修的注意事项。

_____
_____

# 9 项目 9
## 汽车驾驶辅助系统

### 情境描述

驾驶辅助系统有车道保持辅助系统、自动泊车辅助系统等。

在众多的汽车配套产品中,配有自动泊车辅助系统的品牌车型也常常成为高档车配置的重要标志之一。据统计,由于车后盲区所造成的交通事故在中国约占30%,在美国约占20%,交管部门建议车主安装多曲率大视野后视镜来减少车后盲区,提高车辆的安全性能,但依旧无法有效减少并控制事故的发生。汽车尾部盲区所潜在的危险,往往会给人们带来生命财产的重大损失以及精神上的严重伤害。自动泊车辅助系统通过发出警示声音或可视侧面及后部提醒车主车周围的情况,使其主动闪避,顺利泊车。

## 任务 9.1 车道保持不可用检测

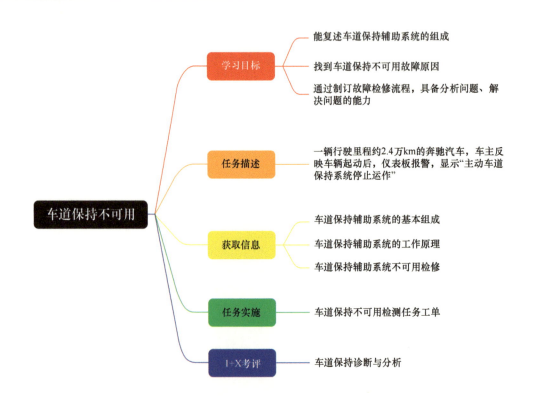

项目9　汽车驾驶辅助系统

## 学习目标

**知识目标：**
1）能复述车道保持辅助系统的组成。
2）掌握车道保持辅助系统的工作原理。

**技能目标：**
1）查阅电路图册，找到车道保持辅助系统各组成部分的位置。
2）使用诊断仪读取车道保持辅助系统的故障码。

**素养目标：**
1）在操作过程中树立规范操作的意识。
2）通过制订故障检修流程，具备分析问题、解决问题的能力。
3）能按照7S管理规定整理、恢复作业场地，养成良好的工作习惯。
4）以案例引导学生讨论，培养学生的道路安全意识。

## 任务描述

一辆行驶里程约2.4万km的奔驰汽车，车主反映车辆起动后，仪表板报警，显示"主动车道保持系统停止运作"。请根据该故障现象制订一份车道保持辅助系统故障检修方案，完成音响系统的故障诊断与排除。

## 获取信息

### 一、车道保持辅助系统的基本组成

车道保持辅助（LKA）系统能够主动检测汽车行驶时的横向偏移，对转向和制动系统进行协调控制，实现主动对车道偏离现象进行纠正，使汽车保持在预定的车道上行驶，从而减轻驾驶人负担，减少交通事故的发生。

9.1　车道保持辅助系统的基本组成和控制原理

车道保持辅助系统主要由信息采集单元、电子控制单元和执行单元等组成，如图9-1所示。在系统工作期间，驾驶人将会接收车道偏离的报警信息，并选择对转向系统和制动系统中的一项或多项动作进行控制，也可交由系统完全控制。

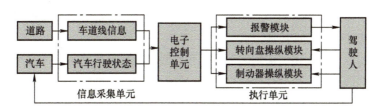

图9-1　车道保持辅助系统的组成

车道保持辅助系统可以在行车的全程或速度达到某一阈值后开启，并可以手动关闭，实时保持汽车的行驶轨迹。

> 想一想：车道辅助系统由哪些部分组成？
> 
> _____
> 
> _____

## 二、车道保持辅助系统的工作原理

信息采集单元通过车载传感器采集车速、转向盘转角信息；电子控制单元对信息进行处理，判断汽车是否偏离行驶车道；当汽车行驶可能偏离车道线时，发出报警信息；当汽车距离偏离侧车道线小于一定阈值或已经有车轮偏离出车道线时，施加操舵力和制动力，使汽车稳定地回到正常轨道。若驾驶人打开转向灯，正常进行变线行驶，则系统不会做出任何提示。

如图 9-2 所示，后面起第二个车影已经偏离了行驶轨道，系统发出报警信息；第三个和第四个车影是系统主动进行车道偏离纠正；到在第五个车影时，汽车已经重新处于正确行驶线路上。

交通标志识别（TSR）捕获道路现场的图像数据，摄像头内的图像处理模块（IPM）推断暗示的以及从现场读取的速度限值。

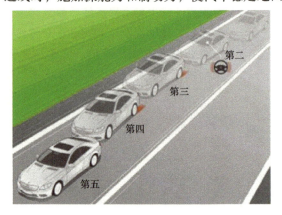

图 9-2　车道保持辅助系统工作过程

> 想一想：车道保持辅助系统的基本工作原理是什么？
> 
> _____
> 
> _____

## 三、车道保持辅助系统不可用检修

车道保持辅助系统出现故障可以从传感器故障和电气系统故障两方面分析。

#### 1. 传感器故障

如果车道保持辅助系统出现传感器故障，可从以下几个方面进行详细分析和处理。

（1）摄像头污染或损坏

1）污染情况。

表现：摄像头镜头表面有灰尘、泥水、油污等附着物，可能导致图像模糊、不清晰，进而影响车道保持系统对车道线的识别。

解决方法：可以使用干净、柔软的微纤维布轻轻擦拭摄像头镜头。注意不要使用粗糙的布料或纸巾，以免刮伤镜头。如果附着物较顽固，可以使用专用的镜头清洁液，按照说明进行清洁。但要避免清洁液流入摄像头内部。

2）损坏情况。

表现：可能出现图像缺失、花屏、颜色异常等现象。如果是物理损坏，可能还会看到摄像头外壳有裂痕、变形等情况。

解决方法：首先检查摄像头的连接线路是否松动或损坏。如果线路正常，那么很可能是摄像头本身出现故障。将车辆送到专业的汽车维修店或 4S 店,由专业技术人员进行检查和维修。可能需要更换新的摄像头。

(2)雷达故障

表现:如果车道保持辅助系统使用雷达,当雷达出现故障时,可能会导致系统无法准确检测车辆与车道线的距离和位置。可能会出现误报警或不报警的情况,如在正常行驶时频繁发出偏离警告,或者在车辆实际偏离车道时却没有任何提示。

解决方法:检查雷达的表面是否有污垢、杂物覆盖。如果有,进行清洁处理,看是否能恢复正常。检查雷达的连接线路是否松动、破损,可以使用万用表等工具进行线路检测,如有问题及时修复或更换线路。

如果以上方法都无法解决问题,需要使用专业的诊断设备对雷达进行检测,确定故障原因,可能需要更换故障的雷达。

(3)传感器校准问题

表现:车道保持辅助系统的性能下降,如车辆在车道内行驶时出现频繁的轻微调整,或者在直线行驶时也会发出偏离警告。系统可能会提示"传感器校准需要"或类似的信息。

解决方法:按照车辆的使用手册进行传感器校准操作。通常需要在平坦、空旷的场地进行,如停车场或空旷的道路。起动车辆,将车辆停放在校准场地的指定位置,按照手册中的步骤进行校准操作,包括调整车辆的方向、行驶一定距离等。

如果自己无法完成校准操作,或者校准后问题仍然存在,应将车辆送到专业的维修店进行校准。技术人员可以使用专业的诊断设备进行更精确的校准。

### 2. 电气系统故障

当车道保持辅助系统出现电气系统问题时,可以从以下方面进行分析和处理。

(1)电源故障

1)熔丝熔断。

表现:车道保持辅助系统突然停止工作,同时车辆的仪表盘上可能会出现相关的故障提示灯。检查熔丝盒时,发现对应车道保持辅助系统的熔丝熔断。

解决方法:首先确定熔丝熔断的原因。可能是由于电路过载、短路或电器设备故障引起的。检查车道保持辅助系统的相关线路和设备,看是否有明显的损坏或短路迹象。如果发现问题,及时修复,更换相同规格的熔丝。在更换熔丝时,确保使用质量可靠的产品,并严格按照车辆使用手册的要求进行操作。

2)线路短路。

表现:车道保持辅助系统无法正常工作,同时可能会闻到烧焦的气味或看到冒烟现象。检查线路时,发现有线路外皮破损、导线裸露并相互接触的情况。

解决方法:立即停止使用车辆,并切断电源,以防止进一步的损坏和安全隐患。仔细检查短路的部位,将破损的线路进行修复。可以使用绝缘胶带或热缩管对破损的线路进行包裹和绝缘处理。如果短路较为严重,可能需要更换部分线路。建议将车辆送到专业的汽车维修店进行维修。

3)线路断路。

表现:车道保持辅助系统完全失去功能,检查相关线路时,发现有导线断开或连接不良的情况。

解决方法:确定断路的位置。可以使用万用表等工具进行线路检测,查找断开的部位。

对于断开的线路,进行修复或更换。如果是连接不良的情况,可以重新连接并确保连接牢固。在修复线路后,进行功能测试,确保车道保持辅助系统正常工作。

（2）控制模块故障

表现：车道保持辅助系统功能异常，可能出现车辆无法起动、频繁报错、自动关闭等情况。车辆的仪表盘上可能会显示与车道保持辅助系统相关的故障码。

解决方法：首先尝试重新起动车辆，看是否能恢复正常。有时候控制模块可能会出现临时的故障，重新起动可以解决问题。如果重新起动后问题仍然存在，可以使用专业的诊断设备对控制模块进行检测。诊断设备可以读取故障码，帮助确定故障的具体位置和原因。根据诊断结果，对控制模块进行维修或更换。如果控制模块出现硬件故障，可能需要更换新的控制模块。在更换控制模块时，要确保使用与车辆型号相匹配的正品配件，并由专业技术人员进行安装和编程。

## 任务实施

| 车道保持不可用检测 | 学习工作页 | 班级： |
|---|---|---|
| | | 姓名： |

1. 对车道保持辅助（LKA）系统进行描述。
_____
_____
_____

2. 简述车道保持辅助系统的组成和工作原理。
组成：_____
_____
_____

工作原理：_____
_____
_____

3. 简述车道保持辅助系统的控制原理。
_____
_____
_____

4. 结合图示简要阐述车道保持辅助系统的工作过程。
_____
_____
_____
_____
_____
_____
_____
_____

## 任务 9.2 自动泊车不可用检测

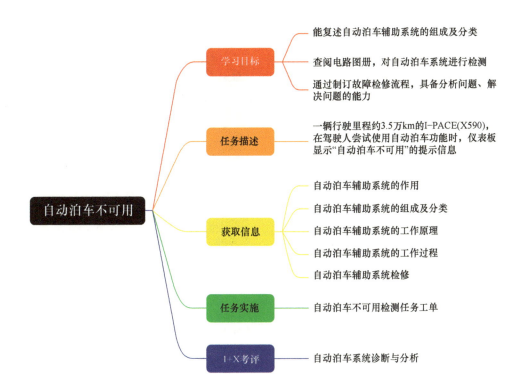

 **学习目标**

**知识目标:**
1) 能复述自动泊车辅助系统的组成及分类。
2) 能复述自动泊车辅助系统的工作原理。

**技能目标:**
查阅电路图册,对自动泊车辅助系统进行检测。

**素养目标:**
1) 在操作过程中树立规范操作的意识。
2) 通过制订故障检修流程,具备分析问题、解决问题的能力。
3) 能按照 7S 管理规定整理、恢复作业场地,养成良好的工作习惯。
4) 以案例引导学生讨论,培养学生的道路安全意识。

 **任务描述**

一辆行驶里程约 3.5 万 km 的 I-PACE(X590),在驾驶人尝试使用自动泊车功能时,仪表板显示"自动泊车不可用"的提示信息。现需对该车辆的自动泊车系统进行故障诊断与排除,制订相应的故障检修方案,以恢复自动泊车功能的正常使用。

## 获取信息

### 一、自动泊车辅助系统的作用

自动泊车辅助（Auto Parking Assist，APA）系统就是常说的自动泊车，自动泊车辅助系统是利用车载传感器（一般为超声波雷达或摄像头）识别有效的泊车空间，并通过控制单元控制车辆进行泊车，如图 9-3 所示。

自动泊车过程中，驾驶人不仅无须介入，免去不会泊车的烦恼。如果是一些高级车型的自动泊车辅助系统，在泊车的同时遇到碰撞风险时，还会发出警告甚至制动停车；同时，该系统还可记忆多个车位，即使开过也能返回上一个车位，堪称是新手泊车的"必备神器"。

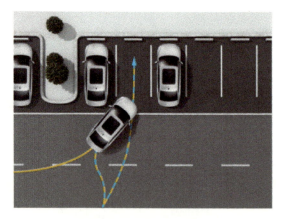

图 9-3 自动泊车示意图

### 二、自动泊车辅助系统的组成及分类

自动泊车辅助系统主要由环境感知部分、控制部分和执行部分组成。自动泊车辅助系统的具体架构如图 9-4 所示。

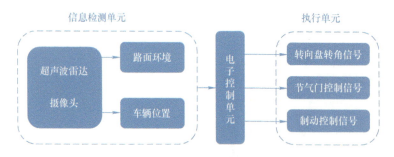

图 9-4 自动泊车辅助系统的具体架构

信息检测单元是自动泊车的眼睛，通过超声波雷达和摄像头识别周边的路面环境以及其他车辆的位置，将采集到的图像数据以及周围物体离车身的距离传递给电子控制单元。

电子控制单元是自动泊车辅助系统的核心，将信息检测单元上传的数据进行处理和分析，得出汽车当前的位置，目标的位置以及周边的环境，依据这些参数规划好路径，并将指令输出到执行单元。

执行单元接收到电子控制单元的指令，精准控制转向盘的转动、加速和制动的运动，让汽车能按照规划好的路径运动，并随时准备接收中断时的紧急停车。

自动泊车辅助系统在泊车过程中，不需要驾驶人控制汽车的任何操作，所有泊车过程可以由计算机控制，其控制流程如图 9-5 所示。

自动泊车辅助系统主要分为半自动泊车辅助系统、全自动泊车辅助系统和全自动远程泊车系统。

半自动泊车辅助系统在目前的大多数车辆上都有配备。在自动泊车过程中需要驾驶人通过加速、制动、换档等操作参与泊车的过程。

图 9-5 自动泊车辅助系统控制流程

### 三、自动泊车辅助系统的工作原理

自动泊车辅助系统的工作原理是：感知部分通过车位感知单元、避障保护单元、转速传感器、陀螺仪等实现对环境信息和汽车自身运动状态的感知，并把感知信息输送给控制部分，然后控制部分分析判断环境感知部分获取的信息，进而对执行部分实施相应的控制，如图 9-6 所示。

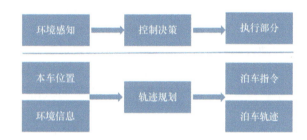

图 9-6 自动泊车辅助系统工作原理

### 四、自动泊车辅助系统的工作过程

9.2 自动泊车辅助系统的意义和原理

1. 激活系统

汽车进入停车区域后缓慢行驶，人工开启自动泊车辅助系统或者根据车速自动开启自动泊车辅助系统。

2. 车位检测

通过车载传感器获取环境信息，超声波雷达识别车位空间，摄像头识别车位线等。

3. 路径规划

根据所获取的车位信息，APA 控制单元对汽车和环境建模，计算出一条能使车辆安全泊入车位的路径。

4. 路径跟踪

通过转向盘转角、加速和制动的协调控制，使汽车跟踪预先规划的泊车路径，实现泊车入库。

**想一想**：自动泊车辅助系统的工作原理是什么？
_____
_____

## 五、自动泊车辅助系统检修

自动泊车辅助系统出现故障可以从传感器故障和控制模块故障两方面分析。

### 1. 传感器故障

**具体表现**：传感器可能会因为碰撞、振动、高温、低温等原因而损坏。例如，车辆在行驶过程中发生碰撞，可能会导致传感器的外壳破裂、内部电路受损。或者在极端的温度环境下，传感器的电子元件可能会出现故障。损坏的传感器可能完全无法工作，也可能给出错误的检测信息。例如，一个损坏的超声波传感器可能一直发出错误的信号，使自动泊车辅助系统误以为周围有障碍物，从而无法正常进行泊车操作。

**解决办法**：当怀疑传感器损坏时，可以使用专业的诊断设备对传感器进行检测。诊断设备可以读取传感器的工作状态、信号强度等信息，帮助确定传感器是否损坏以及损坏的程度。如果传感器确实损坏，需要更换新的传感器。在更换传感器时，要确保使用与车辆型号相匹配的正品配件，以保证系统的稳定性和可靠性。更换传感器后，还需要对自动泊车辅助系统进行重新校准和测试，确保系统能够正常工作。校准过程通常需要使用特定的工具和设备，按照车辆制造商的要求进行校准操作。

### 2. 控制模块故障

**具体表现**：自动泊车辅助系统的控制模块是系统的核心部件，如果控制模块出现故障，会导致自动泊车辅助系统无法正常工作。控制模块故障可能表现为系统无法启动、功能异常或频繁报错等。例如，车辆在启动自动泊车辅助系统时，控制模块可能无法响应指令，或者在泊车过程中出现错误的操作指令。控制模块故障还可能导致系统与其他车辆系统之间的通信出现问题。例如，自动泊车辅助系统无法与车辆的仪表板、显示屏或其他传感器进行正常的数据交换，从而影响系统的整体性能。

**解决办法**：使用专业的诊断设备对控制模块进行检测，确定故障的具体原因。诊断设备可以读取控制模块的故障码、工作参数等信息，帮助技术人员快速定位故障点。例如，通过诊断设备可以确定控制模块是否存在硬件故障、软件错误或通信问题。如果控制模块出现硬件故障，需要更换新的控制模块。在更换控制模块时，要确保使用与车辆型号相匹配的正品配件，并进行正确的编程和配置，以保证系统的兼容性和稳定性。如果控制模块出现软件错误，可以尝试对其进行软件升级或修复。汽车制造商通常会定期发布软件更新，以解决已知的问题和提高系统性能。可以将车辆连接到汽车制造商的官方诊断系统或在线服务平台，下载并安装最新的软件版本。在进行软件升级时，要确保车辆的电源稳定，避免升级过程中出现中断或错误。

## 任务实施

| 自动泊车不可用检测 | 学习工作页 | 班级： |
|---|---|---|
| | | 姓名： |

1. 自动泊车辅助（APA）系统的作用是什么？

_____
_____
_____
_____

2. 以框架图的形式呈现自动泊车辅助系统的组成：

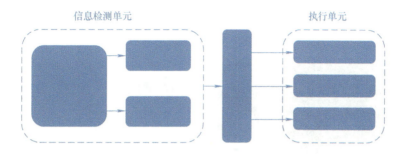

3. 简述环境感知单元、控制单元和执行单元的作用。

环境感知单元：_____
_____
_____

控制单元：_____
_____
_____

执行单元：_____
_____
_____

4. 绘制自动泊车辅助系统的控制流程图。

5. 结合下图，对自动泊车辅助系统的工作过程进行简要描述。

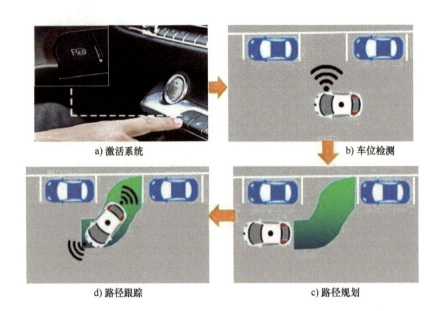

a) 激活系统　　b) 车位检测

d) 路径跟踪　　c) 路径规划

激活系统：_____
_____
_____

车位检测：_____
_____
_____

路径规划：_____
_____
_____

路径跟踪：_____
_____
_____

## 任务 9.3　轮胎压力警告灯点亮检测

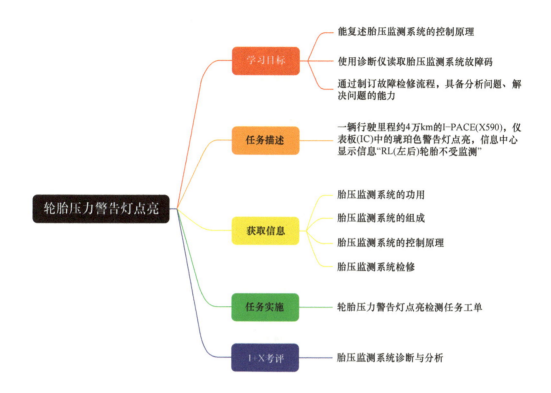

### 学习目标

**知识目标：**
1）能复述胎压监测系统的控制原理。
2）梳理胎压监测系统故障的诊断思路。

**技能目标：**
1）查阅电路图册，找到胎压监测系统各组成部分的位置。
2）使用诊断仪读取胎压监测系统故障码。

**素养目标：**
1）在操作过程中树立规范操作的意识。
2）通过制订故障检修流程，具备分析问题、解决问题的能力。
3）能按照 7S 管理规定整理、恢复作业场地，养成良好的工作习惯。
4）以案例引导学生讨论，培养学生的道路安全意识。

### 任务描述

　　一辆行驶里程约 4 万 km 的 I-PACE（X590），仪表板（IC）中的琥珀色警告灯点亮，信息中心显示信息"RL（左后）轮胎不受监测"。请根据该故障现象制订一份汽车音响系统故障检修方案，完成音响系统故障诊断与排除。

 获取信息

### 一、胎压监测系统的功用

9.3 轮胎压力监测系统的功用和组成

在轮胎"爆胎"时，会遇到压力骤降的情况。在发生这种情况时，由于过程持续时间太短，系统没有足够的时间向驾驶人提供警报。胎压监测系统（Tire Pressure Monitoring System，TPMS）的设计目的是帮助驾驶者保持轮胎处于正确压力，这将降低轮胎发生"爆胎"的概率。

TPMS 的作用是协助驾驶者将胎压维持在最佳水平，从而达到以下效果：
1）改善油耗。
2）维持行驶与操纵性能。
3）降低轮胎迅速放气风险，这可能是由轮胎充气不足引起的。
4）符合相关市场的法律要求。

### 二、胎压监测系统的组成

TPMS 包含胎压监测系统控制模块、胎压传感器（①~④）、仪表盘警告灯和 CAN 总线 4 部分，如图 9-7 所示。

图 9-7 胎压监测系统的组成

#### 1. 胎压监测系统控制模块

胎压监测系统控制模块（TPMSCM）安装在前顶置控制台旁的顶篷中，并通过一个 4 针脚插头与车辆线束相连。TPMSCM 通过各传感器的内部天线接收来自各个胎压传感器的传输信号，该信号经过解码和分析，任何所需的警告以及当前胎压信息将通过高速（HS）CAN 底盘系统总线进行通信。

#### 2. 胎压传感器

TPMS 使用安装在每个车轮胎腔内的"主动式"胎压传感器进行信号收集。传感器由固定

在车轮结构上的气门附件固定到位,并以 433MHz 的频率传输射频(RF)信号。传感器定期测量轮胎内的空气压力和温度以及施加在传感器上的向心加速度,这些测量值被定期传输到胎压监测系统控制模块(TPMSCM)中的 RF 接收器。胎压传感器是一个独立单元,没有进出传感器的电气连接。

### 3. 仪表盘警告灯

当轮胎压力过低时,仪表盘将持续点亮警告灯。当发生故障时,警告灯会闪烁 75s。

### 4. CAN 总线

胎压监测系统控制模块(TPMSCM)通过高速(HS)CAN 底盘系统总线发送和接收一系列数字信息。发送的信息包括 TPMS 状态以及向仪表盘(IC)发送的点亮警告灯和/或在信息中心显示信息的请求。接收到的信息用于胎压监测系统(TPMS)的工作。

## 三、胎压监测系统的控制原理

如图 9-8 所示,胎压传感器定期测量轮胎内的空气压力和温度以及施加在传感器上的向心加速度,并将这些信号传输到胎压监测系统控制模块(TPMSCM)中的 RF 接收器。胎压监测系统控制模块(TPMSCM)通过高速(HS)CAN 底盘系统总线发送和接收一系列数字信息到仪表盘的信息中心。发送的信息包括 TPMS 状态以及向仪表盘(IC)发送的点亮警告灯和/或在信息中心显示信息的请求。接收到的信息用于 TPMS 的工作。

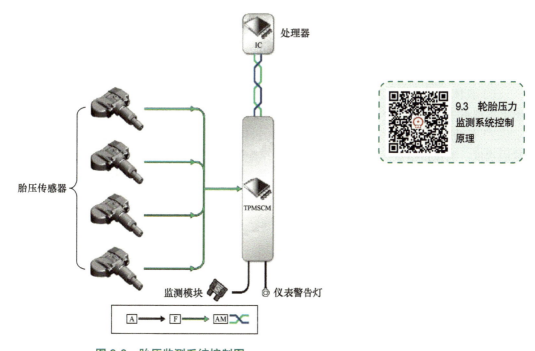

图 9-8 胎压监测系统控制图

TPMS 实时测量车辆各轮胎内的压力,如果有任一压力偏离了规定的压力,警告灯和信息中心给出提示。当轮胎压力过低时,仪表盘(IC)将在信息中心显示一条信息,且警告灯点亮。

**想一想**:胎压监测系统的控制原理是什么?
_____
_____

## 四、胎压监测系统检修

轮胎压力警告灯点亮说明胎压监测系统出现故障。胎压监测系统出现故障可以从传感器故障和电气系统故障两方面分析。

### 1. 传感器故障

（1）传感器电池电量耗尽

1）具体表现：胎压监测系统的显示屏上可能会出现"传感器电量低"或类似的提示信息。例如，一些车辆的仪表盘上会有一个专门的胎压监测警告灯，当传感器电池电量不足时，这个指示灯会亮起。胎压监测数据可能会变得不准确或不稳定。比如，某个轮胎的胎压显示数值与实际胎压相差较大，或者胎压数值频繁波动。

2）解决办法：更换传感器电池。这通常需要将车辆开到专业的汽车维修店或轮胎店进行操作。维修人员使用专用工具拆卸轮胎上的胎压监测传感器，然后更换内部的电池。在更换电池后，可能需要对传感器进行重新匹配和校准，以确保系统正常工作。

（2）传感器损坏

1）具体表现：胎压监测系统完全无法检测到某个轮胎的胎压信息，显示屏上该轮胎的胎压数值显示为"-"或"无信号"。可能会出现错误的胎压报警，即使轮胎气压正常，系统也会发出低压或高压报警。

2）解决办法：更换损坏的传感器。首先，需要使用专业的诊断设备确定是哪个传感器损坏。然后，将损坏的传感器拆卸下来，安装一个新的传感器。新传感器需要与车辆的胎压监测系统进行匹配和校准，以确保其正常工作。在更换传感器时，要选择与车辆型号相匹配的正品传感器。一些非正规渠道的传感器可能质量不可靠，会影响胎压监测系统的准确性和稳定性。

（3）传感器安装不当

1）具体表现：胎压监测系统显示的胎压数值与实际胎压不符，而且这种差异在不同的轮胎上表现不一致。可能会出现间歇性的胎压报警，有时正常，有时又会出现错误的报警信息。

2）解决办法：重新安装传感器。将轮胎拆卸下来，仔细检查传感器的安装位置、方向和紧固程度。确保传感器安装在正确的位置，并且安装牢固。如果传感器的安装方向不正确，也可能会影响其正常工作。在重新安装传感器后，需要使用专业的诊断设备对胎压监测系统进行重新校准，以确保系统能够准确地检测到轮胎的胎压信息。

### 2. 电气系统故障

（1）线路故障

1）具体表现：胎压监测系统完全无法工作，显示屏上没有任何胎压信息显示。可能会出现某个轮胎的胎压信息突然消失，而其他轮胎的胎压信息正常。

2）解决办法：检查线路。使用专业的检测设备，如万用表、示波器等，检查胎压监测系统的线路是否存在断路、短路或接触不良等问题。首先，检查传感器与车辆控制模块之间的线路连接是否正常，包括插头、插座是否松动或腐蚀。如果发现线路故障，需要及时修复或更换受损的线路部分。对于断路的线路，可以重新连接或更换导线；对于短路的线路，需要找出短路点并进行修复；对于接触不良的线路，可以清洁插头、插座，确保连接牢固。

（2）控制模块故障

1）具体表现：胎压监测系统无法正常启动，或者在启动后立即自动关闭。系统显示错误的胎压信息，或者无法接收传感器发送的信号。

2）解决办法：使用专业的诊断设备对控制模块进行检测。诊断设备可以读取控制模块的故障代码，帮助确定故障的具体原因。例如，控制模块可能出现硬件故障、软件问题或通信故障等。如果控制模块出现硬件故障，可能需要更换新的控制模块。

## 任务实施

| 轮胎压力警告灯点亮检测 | 学习工作页 | 班级： |
|---|---|---|
| | | 姓名： |

1. 简述胎压监测系统的功用。
_____
_____
_____

2. 简述胎压监测系统的组成及各部分工作原理。

| 组成部分 | 工作原理 |
|---|---|
| | |
| | |
| | |
| | |

3. 写出图中所指零部件的含义。

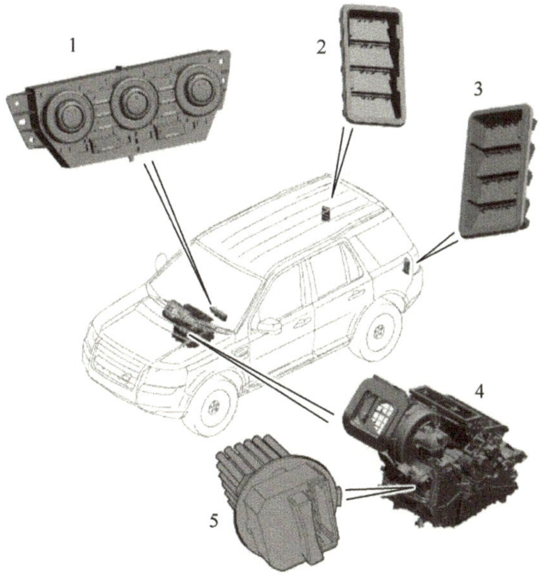

1 _____
2 _____
3 _____
4 _____
5 _____

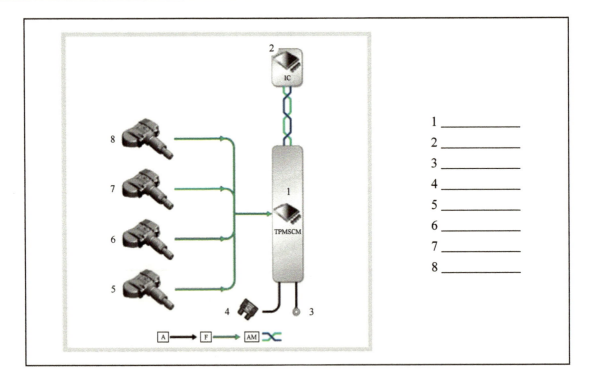

1 _____
2 _____
3 _____
4 _____
5 _____
6 _____
7 _____
8 _____

## 参考文献

[1] 赵宇. 汽车安全与舒适系统检修 [M]. 北京：人民邮电出版社，2013.

[2] 孙连伟，曲昌辉，毛峰. 汽车安全与舒适系统检测与修复 [M]. 北京：机械工业出版社，2016.

[3] 李景芝. 现代悦动汽车自动空调的维护与检修 [J]. 汽车维修与维护，2021（5）：86-89.

[4] 刘希恭. 国产汽车安全气囊系统 [M]. 北京：机械工业出版社，2020.

[5] 赵宇，郑春光. 汽车安全与舒适系统检修 [M]. 北京：人民邮电出版社，2017.

[6] 姚晶晶，赵艳杰. 汽车安全与舒适系统检修 [M]. 重庆：重庆大学出版社，2016.

[7] 杨志红，廖兵. 汽车电器 [M]. 北京：机械工业出版社，2015.